脳にまかせる勉強法

世界記憶力グランドマスターが教える

池田義博

ダイヤモンド社

はじめに

どんな人でもいつからでも記憶力は上がる

「記憶力に自信がない」「記憶力を上げたい」……たくさんの方たちからご相談を受ける機会が多くなりました。

なかでも大学合格や資格取得などを目指している人から、切実さを感じます。皆さんの気持ちは当然理解できます。

なぜなら、**世の中に存在する試験と名のつくもののほとんどは記憶の量で結果が左右されるから**です。

それほど重要な記憶力ですが、私自身の過去を振り返ってみても、学校で記憶の仕方を教わった覚えはありません。暗記を含めた記憶の方法は、個人個人にまかされていたように思います。そのため、自分自身の記憶力の良し悪しは試験の結果だけを見て判断している人も多いのではないでしょうか。

記憶力とは素質によるものなのでしょうか？

記憶力とはもって生まれたもので、その能力には個人差があるのでしょうか？

私自身が40代半ばで挑戦して、4回連続記憶力日本一、そしてマインドマップの発明者であるトニー・ブザンが主催する世界記憶力選手権で達人レベルの選手のみに与えられる世界記憶力グランドマスターの称号を得ることができた経験から判断すると、まったくそんなことはありません。

記憶力とは「才能や年齢に関係なく、技術で上がるもの」と、言い切れます。

脳には記憶の仕組みがあり、それを利用すれば、ラクに物事を覚えることができるのです。それを知らないと、本当はそうではないのに、自分は「記憶力が悪い」と勘違いしてしまうかもしれません。記憶力の違いは、「方法を知っているか、知らないか」の差でしかないのです。

私も以前、記憶力は先天的な能力と決めつけていました。記憶力があまりないほうだと思っていました。ましてや、何かの方法で記憶力が上がるなど、夢にも思っていませんでした。

大切なのは、脳にまかせること

そんな私が40代半ばで、若い人に交じって、記憶力を競う大会「記憶力日本選手権大会」に挑戦したのは、あることを確認したかったからなのです。

それは、「脳はいつからでも鍛えることができる」を実証することでした。

それともう一つ、第1章で紹介している「脳の記憶の仕組みをうまく利用した非常に効率のよい記憶術」を勉強していたので、試したかったのです。

それを深く学んでいくと、「脳をうまく使いこなす方法」だとわかりました。

脳は、想像以上に優秀な器官です。しかし、その優秀な脳を使いこなす方法を知らない人が多いのです。普段の勉強で意識して脳を使うということは、皆さん、あまりないかもしれません。けれども、使いこなすことができれば、記憶に自信のなかった私でも「記憶力日本一」になれるぐらいのすごい力を脳は秘めているのです。

「脳を使いこなす」といっても、つらいトレーニングは必要ありません。**誰でも、思い立ったその日から簡単に取り入れることができる方法なのです。**勉強するときにはその方法を使って、淡々とまるで作業のような感覚で進めていくだけです。

そして、大変なことはすべて脳にまかせればよいのです。

「脳にまかせる」とは簡単にいうと、勉強の労力を2分の1以下にし、成果を2倍以上にする勉強法とお考えください。

脳はまるで腕のよい料理人のようです。あなたはただ材料を脳に提供するだけ。あとは脳が勝手にそれらをうまく調理して記憶してくれたり、考えをまとめてくれたりするのです。

第2章の「3サイクル反復速習法」、第3章の「1分間ライティング」に、そのノウハウはすべてあります。これは今までの勉強法にはない、超効率的な勉強法です。しかもその方法は非常にシンプルで、**「3回読んで1分書く」**、これだけです。

脳をうまく使いこなせるようになると、記憶力は確実にアップします。それだけにとどまらず、「集中力」や「やる気」をコントロールする能力もアップすることができます。

本書では、第4章、第5章でその方法をお伝えしています。

脳はとても優秀で頼りになります。力を引き出してもらうのをいつでも待っています。

本書では、脳が勝手に働いてくれる方法をたくさん紹介しています。

それらを知ることこそ、皆さんが目標を達成する近道になると確信しています。

さあ、早速脳にまかせる方法を学んでいきましょう！

世界記憶力グランドマスターが教える 脳にまかせる勉強法 目次

第1章

超ラク！　脳の力をだまし絵のように利用して覚える

第2章

第3章

脳にまかせて言葉にする「1分間ライティング」

第4章

どんな人でも長時間やる気が継続する方法 141

第5章

本番で結果を出すための超集中法……175

序章

40代半ばで挑戦し、なぜ記憶力日本一になれたのか?

探し続けた能力をアップする方法

この本を手に取られた方の多くは、「試験に合格したい」「資格を取りたい」「覚える力を養いたい」などの目的を持っておられる方でしょう。目的を達成するために、より効率的な勉強法を手に入れて、今よりもさらにレベルアップを図りたいと考えていらっしゃるかもしれませんね。

私もかつてはそうでした。

常に自分の能力をアップさせてくれる方法を模索し続けてきました。しかし、長いあいだ、見つけることができず、見つかったのは恥ずかしながら40代になってからです。

そこまであきらめずに探し続けてこられたのには理由があります。

それは**「脳はいつからでも鍛えることができる」**――このことをずっと信じ続けてきたからなのです。

そして、それは事実だったのだと、今では実感しています。

学生時代は、自分に合った勉強法がわからないまま過ごしていました。なんとなく自分の能力を引き出すためのもっといい方法があるはずだという予感はあったものの、結局見つけられず、今思うとずいぶん効率の悪い勉強をしていたというのが感想です。それでも比較的理数系の科目が得意だったので、大学は工学部に入ることができました。

その延長でエンジニアになったのですが、仕事は無難にこなしていたとはいえ、そこでも「もっと自分は能力をアップさせることができるはず、こんなものではない」という気持ちをどこかに持ちつつ働いていたのを覚えています。

そうこうしているうちに、父親がガンで亡くなったのです。

実家の家業は父親が始めた塾でした。

それまでは家業を継ぐというイメージは、自分の中にほとんど浮かんだことがなかったのですが、父親の死によっていきなり目の前に現実として現れ、そのとき初めて家業を意識しました。

父が亡くなったタイミングと、自分を変えるきっかけがほしいという思いがたまたまぴったり合うことになり、エンジニアを辞め、家業を継ぐことにしたのです。

そして塾を継いで数年が過ぎ、手探り状態でなんとか続けてはいたものの、そこでも「これだ！」という手応えはつかめずにいたのです。

何か新しいものはないか、現状を変える何かはないかと、常に探し続けていました。

そして塾に導入できる新しいカリキュラムが何かないかといろいろ調べているうちに、たまたま「記憶術」という言葉が目に入ってきたのです。

これまで理数系の人間として生きてきたので、自分の記憶力がどのぐらいなのか、どうすれば記憶力が上がるのかなどはほとんど考えたこともありませんでした。

その当時、私が記憶術に対して持っていた印象は、雑誌の裏に載っている怪しい通信教育ぐらいのものだったのです。

ところが調べていくと、記憶術というのは決して怪しいものではないことがわかったのです。

しかも、それは個人の素質とは関係がないものでした。**脳の性質を利用した技術を使えば、誰でも能力アップが図れる方法**だったのです。

人生の折り返しで始めた自分への挑戦

当時、私が記憶術に対して持っていたイメージは、まるでトンチンカンなものでした。見たものをそのまま写真のように記憶したり、初めて聞く音楽を一度で覚えたりすることができるのが記憶術なのだと思い込んでいたのです。

しかし実際はそうではなく、**記憶したいものがあるとして、それを脳にとっていかに覚えやすい形に加工するかという作業が記憶術**だということを初めて知ったのです。

理数系の私は、何事も理屈から入るタイプでした。ですから、既存の数多くの記憶術と近年の脳科学に関する研究からわかった脳の仕組みを照らし合わせて納得できるものだけを試していき、取捨選択して勉強していったのです。

そのうち、塾に導入するという目的はどこかへ行ってしまい、いつの間にか興味は自分自身の記憶力アップに移っていったのでした。

なぜそんなに記憶術に夢中になっていったかというと、覚える方法が簡単で面白かったからというのが正直なところです。その方法は後で詳しく説明しますが、簡単に言うと、**元から持っている自分の脳の性質を使えばよい**だけです。理数系で暗記に関してはまったく自信がなかった私がすらすら覚えられるほど、誰でも簡単にできるのが記憶術なのです。

もしかすると、これが本当にやりたかったことかもしれないという思いが徐々に頭の中で形になり始めた頃、偶然にも記憶力を競う大会があることを耳にしたのです。それは記憶力日本選手権大会といい、毎年1回行われる記憶の量を競う大会でした。

その頃にはある程度、記憶術を身につけていたものの、自分がどの程度のレベルなのかはまったく想像がつきませんでした。

しかし思い切って出場することに決めたのです。昔の自分であったら、その大会に申し込むことはなかったかもしれません。

人生の半ばともいえる年齢で、脳の力を試される記憶力日本選手権大会へのチャレンジを決めたのでした。

記憶力日本一になるために必要だったのは……

記憶力日本選手権大会への出場を決めたものの、決めた時点では大会に関する情報はゼロの状態でした。

記憶術の基本は「イメージ」、つまり覚えるものを「絵」に変えて覚えます。

これは世の中に存在するすべての記憶術において共通です。

大会では覚える対象が「人の名前」「トランプ」「単語」「数字」「詩」といったものになりますが、それらをいかに速く覚えやすいイメージに変えられるかが記憶量を左右することになります。

競技として臨むには、効率化のために自分独自の記憶テクニックを作り出す必要がありました。

そこで、新しい記憶テクニックを編み出すことにしたのです。

そのためにしたことは、自分の脳の中身を洗いざらい取り出し、そこからひらめきを得るというもので、これが本書で述べる勉強法のベースにもなっています。

これを使い、まずは競技用のテクニックを完成させました。

その後は自分で模擬問題を作り、練習を進めていったのですが、しばらくすると始めた当初には思いもしなかった、克服すべき課題が見つかったのです。

ある日の練習ではよい結果だったのに、同じ条件で行った別の日の練習ではあまり記憶できないということがたびたび起こったのです。

その違いは「集中力」にありました。**記憶力は、メンタルの状態にかなり左右される能力**なのです。

練習でさえ、わずかなメンタルの違いが記憶量の差となって現れるということは、緊張状態になる本番では、その影響は非常に大きなものになるのは容易に想像できます。

それからは技術的な練習に加え、集中力を鍛えることも同時に取り入れることにしました。最適な方法を見つけるために、いろいろと試行錯誤しましたが、常に意識していたのは「簡単にできる方法」にすることでした。つまり、**誰でもできるようなシンプル**

な方法こそ集中するためには効果的だと考えたのです。こうして生まれた集中力のトレーニングは、非常に簡易で効果的なものになったと自負しています。

これら「テクニック」と「メンタル」の両方のトレーニングを続けて、ついに記憶力日本選手権大会当日を迎えることになったのです。

競技前には集中モードに入るためのテクニックを使い、そのおかげで練習のときと同じような精神状態で臨むことができました。

そして全種目の競技が終わり、蓋を開けてみると、なんと初出場で優勝してしまったのです。しかも後で知ったのですが、その成績は大会史上最高得点というおまけ付きでした。

つまりその瞬間、私は記憶力日本一になってしまったのです。

いつでも脳は鍛えられる

私が記憶力競技を目標にしてトレーニングをがんばってこられたのには、「ある理由」があります。

昔は、一般的に年齢を重ねると脳の力は衰えていく一方だと考えられていました。まして や、脳を使う記憶力などは当然下がっていくものだというのが常識でした。

しかし近年の研究により、そうではないことがわかってきたのです。

年をとっても、脳を使うことによって新しい神経回路を増やせることが明らかになりました。**神経回路が増やせるということは、脳が衰えるどころか、能力アップができるということ**です。

冒頭で「ある理由」と言いましたが、その理由がこれだったのです。

「脳はいつからでも鍛えることができる」

このことを本気で信じていました。

もしそうでなければ、はじめから10代や20代の選手たちと競おうなどとは思いもしなかったでしょう。

そして、実際に40代半ばで、若者たちと記憶力を競って優勝したことで、それが実証されたと自分では思っています。

勘違いされると困るのでここで断っておきますが、私は元から記憶力がよかったわけではありません。

たぶん、今でも皆さんと脳自体の基本性能は同じです。

別に謙遜しているわけではなく本心です。それにこれは間違いなく真実です。

仮に今、トランプの「神経衰弱」をしたら、普通に負けることもあるでしょう。

私が記憶力日本一になれたのは、脳の仕組みを利用した、記憶力や集中力が増すテク

ニックを使ったからにすぎないのです。

記憶力を上げるのに必要なのは、もともとの**「脳の性能」ではなく「技術」**なのです。

本書では、私が記憶力日本一になるために使った、記憶力や集中力を鍛える方法、さらには目標達成のための方法など、皆さんの勉強にも応用可能なものをたくさん紹介しています。

ちょっと出しすぎかなと思ったほどです。出し惜しみはしていません。

なぜならチャレンジを経て人生の次のステージに上がった今の自分のミッションが、「記憶」というもので世の中の役に立つということに変わったからです。

本書で紹介した方法を使えば、私がそうであったように、皆さんもそれぞれの勉強や仕事において必ず素晴らしい成果を上げることができます。

それでは、次の章からその方法をお伝えしていきましょう。

第1章

超ラク！　脳の力をだまし絵のように利用して覚える

脳をだまして、記憶力を上げる3つの方法

受験勉強や資格試験などを経験した人、もしくは現在進行形の人ならば、勉強する内容をなんとかラクに覚えられないかと考えたことはないでしょうか。

私も、記憶競技の練習を始めた頃は切実にそう思っていました。

そこで、どうすれば記憶力を上げることができるかを調べました。

まず、「記憶」とは、あくまでも脳を使って行う作業である以上、脳の記憶の仕組みを理解するのが先と考えました。

調べてみて最初にわかったのは、脳の中には記憶をコントロールしている場所があるということ。それが「海馬」と呼ばれる部位です。

記憶を長く残せるかどうかを決める役目を、この海馬が担っているのです。

つまり海馬がまるで裁判官のように、「これは重要な情報だから残そう」とか「これ

はあまり必要ないねえ、捨てちゃおう」と、情報を吟味しているのです。

直感でこれが手がかりになると思いました。

脳がそういう仕組みになっているならば、それを逆手に取ればよいのです。

要するに、**「脳をだます」ことができれば、物事をたくさん覚えることができる**わけです。

そして調べていくうちに、脳をだまして重要な情報と思わせるには大きく分けて3つの条件があることがわかりました。

脳のだまし方❶ 脳はやきもち焼き

第1の条件は、脳に対し覚えようとする**「意志」**を示すことです。

「あえて示さなくても勉強しているのだから、意志があって当たり前だよ」と言う人がいるかもしれません。しかしながら、これが案外できていない人が多いのです。

覚えようとする「意志」とは、言い換えると勉強に対しての「集中度合い」のことです。

音楽を聞きながら、テレビを観ながら、インターネットをしながら勉強している人、いませんか？　そういう勉強以外のものに気を取られていると脳は、「勉強だけかと思ったら、音楽も聞いているのね。それにスマートフォンも見ているじゃない。私に本気じゃなかったのね」と、勉強を重要ではないと判断して覚えようとしなくなります。

それに対し、**勉強だけに集中している人には、「まあ、この人一途で素敵！　本気なのね」と思ってくれて、「記憶スイッチ」をオンにしてくれる性質を持っている**のです。

ここでいう「記憶スイッチ」とは、脳が記憶しやすい状態に入りやすくなるための「きっかけ」のことです。

記憶する行為は、脳にとって非常に負担がかかる作業であるため、なるべく記憶しないような仕組みになっています。ただでさえそうなのに、あれもこれもと手を出していると真剣さが疑われて相手にしてくれないのです。

ですから、**脳に本気と思わせて記憶スイッチを押させるには、まずは勉強に集中できる環境を整えることが必要になります。**　記憶に関しては、「ながら勉強」はＮＧと思っておいてください。

脳のだまし方❷ 脳は寂しがり屋

第2の条件は**「回数」**です。

脳は何度も頭に入ってくる情報に対して、「これほど何度も訪ねてくるのだから、重要な情報に違いない。長く記憶に残そう」と判断してくれるのです。

これは勉強でいえば「復習」にあたります。

過去の研究において、人の脳は覚えたものに対して何もせずにそのままにしておくと徐々に記憶が薄れていくことが実験からわかっています。

脳は寂しがり屋で、あまり会いに来てくれない人には、よい印象を持ってくれないのです。

しかし、実は律儀なヤツで訪ねてくる回数が多ければ多いほど、要するに**復習の回数が多ければ多いほど、機嫌がよくなって記憶を強めてくれる**のです。

「記憶の定着度＝復習の回数」ともいえます。

脳のだまし方③ 脳は感激屋

そして、第3の条件は「**感情**」です。

人の脳は感情が伴った情報を優先して記憶するようにできています。

感激屋の脳は覚えるときに何らかの感情が発生すると、「これは重要だ！」と反応して記憶に残そうとします。

そのよい例が「思い出」です。思い出が長く残っているのは、体験したときの喜怒哀楽の感情に対して脳が反応したからなのです。

これほど記憶にとって強力な「感情」を勉強に利用するには、**覚えるものに対して何か気持ちが動くような情報を付け加えることが必要です。**

難しそうに思えますが、そんなに大げさなことではありません。**必要なのは、勉強を楽しもうという姿勢**です。ちょっとした工夫によって勉強を面白くすればよいのです。

本当にちょっとしたことでいいのです。

歴史の勉強であれば、歴史上の人物と似ている俳優を思い浮かべるとか。有名な出来事を覚えるのであれば、文章を読むだけでなく映画やドラマのように頭の中でシーンを描いてみるとか。

その他、皆さんもよくご存じの「８９４（ハクシ）白紙に戻そう遣唐使」のようなゴロ合わせも有効な方法です。無味乾燥な専門用語もダジャレを使うなどすれば、急に親しみがわいてきます。

このように感情を利用して記憶力を上げるためには、覚えるものに対して少しでも面白いことはないか、面白くできないかを常に考えていることが重要なのです。

ここまで3つの条件を上げてきましたが、私が記憶力を競う大会で日本一になったのもこれら3つの条件をベースに記憶術を考え出し、練習してきたからです。

もちろん、これらは勉強にも有効な考え方であるのは言うまでもありません。

「集中して、楽しみ、そして復習を繰り返す」

この基本を守りさえすれば、誰でも必ず記憶力を上げることができます。

脳をだまして、記憶力をアップする3つの方法

勉強の基本は「集中して、楽しみ、そして復習を繰り返す」

1「意志」を示すと、脳は一途に恋をする

勉強だけに集中していると、
脳が記憶しやすい状態に入りやすくなる

2「回数」をこなすと、脳は機嫌がよくなる

脳は何度も頭に入ってくる情報に対して、
長く記憶に残そうと判断する

3「感情」を利用すると、脳がうれしくなる

勉強を面白くする工夫をすると、
脳はこれは重要だと、反応してくれる

**脳の特異な性質を利用した3つの条件を
駆使すれば、記憶力は確実に上がる！**

「大喜利力」で、記憶の量が変わる

「大喜利」を知っていますか？　「笑点」という有名なテレビ番組があるので、一度は見たことがあるでしょう。

舞台の上に落語家さんたちが横一列に並んで座っていて、司会の人から出されたお題に対し、それぞれが面白い答えで笑わせたり、時には「なるほど！」とならせるような答えを出したりしてこちらを楽しませてくれるものです。

お題を出されてから、あの短い時間で答えを導くのを見ていると、いくら慣れているとはいえ、さすがプロだなあと、本当に感心します。

ところで、我々の日常生活において関わりがほとんどないと思われるこの大喜利が勉強には大変役に立ちます。

大喜利における落語家さんたちの答えの導き方が、勉強内容を覚えるのに非常に有効

な手段なのです。

勉強していると、暗記が必要なものがたくさん出てきますよね。

なかには、たくさんの事柄をまとめて整理して覚えなければならない項目が結構あります。

馴染みのあるところでは、江戸時代の徳川将軍全員の名前などがそうですね。

情報を整理して覚えることが学習の本質の一つなので、こういう暗記項目は受験勉強や資格試験にかかわらず、勉強と名のつくものなら必ず存在します。

このような知識は、「ほぼ覚えた」では意味がなく、全項目を完璧に覚えて初めて使える知識となるので大変です。

こういう場面では、自分の脳を頼りましょう。暗記するにあたって、脳にある性質を使うのです。

皆さんは、「だまし絵」を知っていますか？

木が描かれている絵の中に人の顔が隠されていたり、見方を変えると若い女性が老婆に見えたりする絵のことです。

そうした仕掛けは周りの絵に溶け込んでいるため、最初のうちはどこに隠されているかなかなかわかりませんが、がんばって探していると、そのうちに隠された絵が浮かび上がってきます。

その瞬間の「わかった！　見つけた！」という感覚、漫画でよく出てくる頭の上に電球が光るあのイメージ、やったことがある人ならわかるでしょう。

あの「！」という感覚が、ここでも脳にとっての「記憶スイッチ」になるのです。

脳はバラバラに見えているもの同士の中に関係性が存在していることを見つけたとたん、うれしくなって思わず記憶を強めてしまうという性質を持っています。

たとえば、電話番号などもただの数字の羅列と思っていてはなかなか覚えられませんが、並んでいる数字でゴロ合わせができたりすると、急に覚えやすくなるのはそういうことです。

勉強にも、この「わかった！　見つけた！」を利用すると記憶を強めることができます。

そのために必要なのが「大喜利力」なのです。

この大喜利力は、普段の勉強のときにも常に意識しておく必要があります。

大喜利の中に「なぞかけ」というものがあります。

「カツオブシとかけてマラソンととく、そのこころは？」

「どちらもかんそう（乾燥）（完走）が大事です」

といった言葉遊びのことです。

このなぞかけの答えを見つけ出すコツが、記憶にも利用できるのです。

先ほどの例でいえば、「カツオブシ」と「マラソン」で連想する言葉から「かんそう」という同音異義語を探して答えを導き出しました。

このように、なぞかけの答えを出すためのコツはいかにお題の二つに存在する「共通点」や「規則性」を見つけ出せるかなのです。

勉強も同様です。**それぞれに何か共通する要素はないか、規則性はないか、常に意識しましょう。**

「それぞれに共通の文字が入っている」とか「それぞれの言葉の頭の文字をつなげると意味のある言葉になる」など、ちょっとしたことです。

ここでクイズです。次に挙げる市の共通点は何かわかりますか？

「金沢市・黒磯市・筑紫野市・桜井市・青梅市・赤穂市」

正解はのちほど。

「大喜利力」とは、「パターン認識能力」のことだともいえます。隠れているパターンを見つけ出す能力は、記憶や勉強において非常に重要です。

普段の勉強のときから、この「大喜利力」の意識があるかないかで記憶の量にもかなりの差が出てきます。

最後にクイズの答えですが、正解は「名称の中に色が入っている」でした。

脳にとって覚えやすい状態にする2つの法則

1 共通点を見つける

- それぞれに共通の文字が入っていないか
- 形に似ているところはないか
- 名称は違うが仕組みや機能はすでに知っているものと同じではないか

……など

2 規則性を探す

- それぞれの言葉の頭の文字をつなげると意味のある言葉にならないか
- これはすでに知っているものの反対のことを言っているのではないか
- 英単語の意味を接頭語から推測できないか

……など

隠れているパターンを見つけ出す能力は、
記憶や勉強において非常に重要である。

落書きは記憶にとって、じつは効果的？

「記憶術とは端的にいうと何か？」と聞かれたら、「イメージ（絵）で覚える技術」と回答します。

イメージを使って覚えるからこそ、短時間で１００以上の単語や、数百ケタの数字を一度に記憶できるのです。

勉強の成績がよい人たちは記憶術の知識がなくても、無意識のうちにイメージを使って勉強しているのです。

ではなぜイメージなのでしょうか？

これもやはり脳の特性なのです。**脳は文字や数字などの情報を覚えるのは苦手であるのに対し、映像を覚えるのは得意**なのです。**脳とイメージはとても相性がいい**のです。

たとえば、最初にある映像のスライドを見てもらいます。次に最初に見たものとほとんど同じだけれど、ほんの少しだけ一部を変えたものを見せます。すると、ほとんどの人が最初のスライドとは違うものだということに気づきます。

それほど脳はイメージに対し、敏感なのです。

ところで皆さんは、学生時代に教科書やノートに落書きをしたことはありますか？

私も実をいうと、日本史や世界史の教科書に載っている歴史上の人物の顔写真にヒゲを描いていたクチです。

通常落書きといえば、勉強に集中していないことの象徴のように思われていますが、脳の仕組みからいうと、**落書きは記憶にとってじつに効果的なのです**。

なぜなら、落書きとは絵であり、先ほど述べたように脳は映像に敏感だからです。

とはいえ、勉強内容とまったく関係ない落書きは問題外で、勉強に関係するものでなければ意味がありません。描き込むのは、テキストやノートの中で覚えなければならない重要箇所です。

絵のうまさは必要ありませんが、可能なら色もつけると脳が受けるインパクトがさらに強くなるのでおすすめです。

話はそれますが、本書でも色の効果を利用しています。

本文中に青色が使われていますが、青には鎮静効果があり、時間の感覚を短くさせるといった集中力を高める作用があるのです。

話を元に戻すと、このように絵や色は記憶を引き出すことが必要になる試験のときに効果を発揮してくれます。**描き込んだ絵が呼び水となって記憶を引き出す役目を果たしてくれる**のです。

実際に描くときは、ルールをあらかじめ決めておくと、何を書こうかと考える時間が省けます。

あまり凝ったものにする必要はなく、単純な連想を使ってぱっと描くのがコツです。

表現しているものの形がわかる言葉であれば、そのままの絵を描けばよいのですが、勉強の中で出てくるのは固有名詞や専門用語がほとんどです。

その場合は、用語に含まれている言葉の意味から連想して絵に変えるとよいでしょう。

たとえば、ヨーロッパの気候の一つに「地中海性気候」というのがありますが、私ならば「地中海」という言葉からなんとなく「イタリア」を連想するので、そこから国の形である長靴を描き込むかもしれません。

しかし、なかには文字からは意味がとれない言葉もあります。

意味がわからない英語やその他の外国語からできているカタカナ言葉は、そのままでは何のことかわからないため、ちょっとした工夫をする必要があります。

古生代のある時期のことを「カンブリア紀」と呼びますが、私はその言葉の意味がわかりません。

こういうときは言葉遊びの要領で、その文字の中から意味のとれる言葉をひろってイメージするのです。私ならば、「カン」と「ブリ」から「魚のブリのラベルがついた缶詰」にするかもしれません。

でも長靴は気候とはまったく関係ないし、ましてやブリの缶詰などは、何ひとつ元の言葉の要素が残っていないじゃないか、と言われるかもしれません。しかしそれで構いません。

なぜならば、**この方法の主な目的は記憶のタグ付けにある**からです。

記憶とは覚える力ももちろん大切ですが、同じぐらい「思い出す力」も重要です。

ところが、覚える作業に注力しすぎて思い出すための工夫をおろそかにしていることが多いのです。すると、頭の中に詰め込むだけ詰め込んだのはいいけれど、それをタイミングよく思い出せないという現象が発生するのです。

皆さんも必要な情報をすぐに見つけやすいように、テキストに「ふせん」を貼ったりすると思います。それと同じことです。

絵が「ふせん」の役割を果たし、たくさんしまってある記憶の中から必要な記憶を探しやすくする目印となってくれるのです。

なぜその絵にしたのかを脳が覚えているので、その絵を見ると脳は元の言葉を再現することができます。

思い出のようにストーリーにして覚える

脳は実際に体験・経験したエピソードについて、「思い出」のように長く記憶にとどめておこうとする性質を持っています。

ところが、勉強の中で覚えなければならないことのほとんどが「世界一長い川はナイル川」「１７８９年にフランス革命が起こる」といった情報であって、自分自身のエピソードではありません。

何度も繰り返して読めば、いつかは覚えることもできるでしょうが、勉強の効率を上げるためにも、脳の力に頼りましょう。

脳をうまく利用するために、勉強の内容をエピソードに変える方法があります。それは覚えるものをストーリーにしてしまう方法です。要は覚えるものを登場人物にして話を作り、それを映像化したものを頭の中で見て体験することでエピソードにするのです。

ここで単語を10個並べてみます。

「火山」
「クジラ」
「月」
「バナナ」
「ピラミッド」
「恐竜」
「たまご」
「サッカーボール」
「ヘリコプター」
「トランペット」

これを今すぐに覚えてと言われても、たった10個とはいえ、共通点や規則性がないので、そのまま覚えるのはなかなか大変です。

そこでバラバラの項目をつなげてストーリーにすることで、関連性をなかば強制的に作ってしまうのです。

後づけでストーリーを作るため、強引にこじつけることが必要です。

当然つなげるとへんてこりんな話になりますが、逆にそのほうがインパクトは強く、脳の仕組みにとっては記憶に残りやすくなるため好都合なのです。

先ほどの10個の単語を使って私が考えたストーリーを紹介します。イメージを描きながら読んでみてください。

「クジラが潮を吹く穴でトランペットを吹いたら、中からたまごが飛び出し空を飛んでいたヘリコプターに当たって割れた。驚いたパイロットが思わず食べているバナナを落とすと、下にいた恐竜がそれですべって転び、近くにあるサッカーボールを蹴った。いきおいよく飛んだボールはピラミッドを破壊し、すると中から火山が現れ噴火が始まり噴き上がったマグマが月を燃やした」

このようなストーリーを作って、頭の中で映像を追いながら何回か繰り返せば、すぐに頭に入ってしまいます。こうして一連の流れを映像で覚えるようにします。

単語を思い出すときには覚えたストーリーを頭の中で順を追って再現し、そこに登場するものを順番に挙げていけば漏れなく全部アウトプットできるというわけです。

ポイントは、繰り返すようですが強引に話をつなげていくことです。

目的はバラバラの項目同士の関連性を作り出すことであって、きれいにつながる話を作ることではないのですから。

この方法は勉強内容を覚えるのにも有効です。

先ほどの例では、形がイメージできる単語を選んだのでそのまま映像にしやすかったのですが、勉強で出てくる言葉でイメージできるものはほとんどありません。

そこで、まずはじめにしなければならないことがあります。それは、その用語から連想してイメージに変えることです。

今回はこの方法を使って、ノーベル賞を覚えてみましょう。

ノーベル賞には次の6部門があります。

「ノーベル化学賞」
「ノーベル生理学・医学賞」
「ノーベル平和賞」
「ノーベル物理学賞」
「ノーベル文学賞」
「ノーベル経済学賞」

これらをストーリーにして覚えることにしましょう。

まずは、それぞれの言葉をイメージに変えなければなりません。連想を使って賞の名前をイメージに変えていきます。

まずは化学賞、これは化学という言葉から連想して「試験管」はどうでしょう。次に生理学・医学賞は医学の連想から「注射器」。平和賞は平和の象徴である「ハト」。物理学賞、物理といえばニュートン、ニュートンといえばリンゴ、ということで「リンゴ」に。文学賞は当然「本」。最後に経済学賞は「紙幣」にすることにします。

これらがノーベル賞に関するものだと認識できるように、「ノーベル賞」もイメージに変えておきます。創設者のノーベルはダイナマイトの発明者ですので、ノーベル賞のイメージを「ダイナマイト」としておきましょう。

「ダイナマイトが爆発して試験管と注射器が吹き飛び、飛んでいたハトにぶつかった。くちばしにくわえていたリンゴが本の上に落ちた。そのはずみで本が開くと中には紙幣が挟んであった」

このように言葉をイメージに変えて映像体験することが記憶にとって重要なのです。

勉強の内容を
エピソードに変えて覚える

６つの賞を覚えるとしたら……

① 言葉をイメージに変える

「ノーベル」 ➡ 

「ノーベル化学賞」 ➡ 

「ノーベル生理学・医学賞」 ➡ 

「ノーベル平和賞」 ➡ 

「ノーベル物理学賞」 ➡ 

「ノーベル文学賞」 ➡ 

「ノーベル経済学賞」 ➡ 

② ストーリーを作って、頭の中で映像化する

「ダイナマイト()が爆発して試験管()と注射器()が吹き飛び、飛んでいたハト()にぶつかった。くちばしにくわえていたリンゴ()が本()の上に落ちた。そのはずみで本が開くと中には紙幣()が挟んであった」

単語を思い出すときは、
頭の中でストーリーを順に追って
登場してくる順に挙げていけばいい。

ゴロ合わせがそれでも最強である理由

７９４（なくよ）ウグイス平安京、知らない人はほとんどいないあまりにも有名なゴロ合わせです。この**昔から存在しているゴロ合わせは、もちろん記憶にとって有効な手段**です。

ただし、勉強する内容をすべてゴロ合わせにできるわけではありません。

そこですべてに使おうとするのではなく、いざというときの飛び道具といった存在として考えるべきでしょう。つまり、どうしても覚えにくいものに絞ることです。

「これを覚えるのはこの方法」「あれはこの方法」というように、適材適所で学習法を変える柔軟なスタンスのほうが勉強に関してはうまくいくようです。

では、どんなものを覚えるのにゴロ合わせが適しているのか。元の形のままでは日本語として意味がとれないものです。

次からは、その代表例を説明していきます。

ゴロ合わせ❶ 数字に使う

数字はそのままでは意味を持っていません。単なる記号にすぎないからです。脳は性質上、意味のないものを覚えるのを非常に苦手としています。

しかし、冒頭の例のように、数字にゴロ合わせは有効なのです。

年号以外にも数学で出てくる平方根や何かの定数など、数字を覚えなければならない場面は多々ありますが、そんなときにもゴロ合わせは役に立ちます。

数字にゴロ合わせを使って意味のあるものに変身させることによって、脳にとって覚えやすい情報になるのです。

数字をゴロ合わせにするにあたり、はじめに数字の読み方を決めておく必要があります。

基本はその数字の読み方からきていますが、なかには数字の形からとったものもあります。

たとえば数字の0ですが、0の形は「まる」なので「ま」、または英語の「O（オウ）」と同じ形なので「お」とも使っています。

他にも数字の2のところで、漢字の「二」にしたときの読みを使って「じ」にするとか、それ以外にも英語読みの「ツー」から「つ」にするなどの考え方で選んでいます。

これを使うと、冒頭の例のように794「な・く・よ」ができるのです。

他にも、148であれば「い・し・や」（医者）、833で「は・さ・み」という具合です。

ケタが多い数字の場合は、数字を細かく分けて複数の言葉にすればよいのです。数字を2ケタずつ分けると言葉を作りやすいのでおすすめです。

38を「サ・ハ・（ラさばく）」（サハラ砂漠）、90を「ク・レ・（オパトラ）」（クレオパトラ）のように最初の2文字が合っていればよいことにします。

ゴロで言葉にした後は、前節の方法でストーリーにして覚えればよいのです。

円周率3・14……の小数点以下10ケタの数字「1415926535」にゴロを使ってストーリーにすると、

「大きな石（14）を飛行機（15）から落としたらクジラ（92）の肋骨（65）に

当たって跳ね返りサンゴ礁（35）が壊れた」となります。映像が浮かんだでしょうか。

ゴロ合わせ❷ 外国語に使う

数字以外にも、日本人にとってはそのままでは意味をとれないものに外国語があります。その中でも一番学習人口が多いのは英語なので、ここでは英語に注目します。

アルファベットのままでは数字のときと同様に、意味のないものとして脳が受け付けてくれないので、**覚えるためには言葉に意味を持たせる**必要があります。

そこで英語も先ほどの数字と同じく、ゴロ合わせを利用します。アルファベットでできている英語に対して、どうすればゴロ合わせができるのでしょうか。

英語も発音するための音を持っています。

この音を文字にすると、ある意味それはカタカナ語であるといえます。

カタカナ語として考えれば、以前に出てきた専門用語をイメージ化した方法が使えることになります。

例として、「progress」（前進）という英単語で考えてみましょう。

正式な発音をカタカナで表すのは難しいですが、そこまで厳密に考えず和製英語的に読むことにします。

すると、progressは「プログレス」というカタカナ語にすることができます。

ここで、前に説明した「大喜利力」を活用するのです。

つまり、隠されているパターンを見つけ出すのです。そのパターンとは、一つの単語をある位置で切ったときに意味が通じる言葉になるというものです。

「プログレス」の中に隠された言葉を挙げると、「プロ」はプロフェッショナルのプロ、「グレ」は「ぐれる」などと意味をとることができます。

そして、それらの言葉と英単語の意味である「前進」を結びつけてゴロ合わせでイメージを作って覚えるのです。

たとえば、

「プロ（プロ）になるため、ぐれ（グレ）ず（ス）に『前進』」

などはどうでしょうか。

ここでも以前の方法と同様に、コツはあまりゴロの品質にこだわらないことです。あくまで目的は単語の意味を覚えることですので。

ゴロ合わせで使う2つのパターン

1 数字のゴロ合わせ

「3.1415926535」を覚えよう！

➡数字を2桁ずつ分けると言葉を作りやすい！

「大きな石(14)を飛行機(15)から落としたら
クジラ(92)の肋骨(65)にあたって跳ね返り
サンゴ礁(35)が壊れた」

2 カナのゴロ合わせ

「progress」(前進)を覚えよう！

➡ある位置で切ったときに、意味が通じる言葉を見つける！

「プロ(プロ)になるため、ぐれ(グレ)ず(ス)に『前進』」

数字とカタカナを使い分けて、
覚えやすい形に変えていくことが重要。
質にこだわらないことも大事！

意味の通じない言葉でも反射的にラクに覚える

ここまで勉強内容を覚えやすくするための工夫をいくつかお伝えしてきましたが、記憶術には、あまり工夫を必要としない、省エネで手軽にできる便利な方法があるのです。皆さんがすでに使っているものです。

太陽系の惑星、「水星・金星・地球・火星・木星・土星・天王星・海王星」を「すい・きん・ち・か・もく・どっ・てん・かい」と唱えて覚えませんでしたか。

化学で出てくる元素の周期表、「水素・ヘリウム・リチウム・ベリリウム……」も「すい・へー・りー・べー……」ですね。

これらの文字列にまったく意味はありません。今まで意味のないものの記憶は脳は苦手であると言ってきましたが、なぜこれらは覚えることができたのでしょうか。

それは「脳をだまして、記憶力を上げる3つの方法」のところで出てきた「脳のだまし方②」の条件を利用したからです。

「記憶の定着度＝復習の回数」

復習すればするほど、記憶はしっかり定着していきます。要するに、**最初に受ける印象の薄さを回数でカバーした**というわけです。

今回の記憶術は、この脳の特性を利用する方法です。

やり方はとても単純で、複数の覚えるべき言葉の頭文字を取り出して、それらをつなぎ合わせて文字列にするだけです。

まったく意味をなさない文字列が出来上がりますが、それで問題ありません。

これまで紹介してきた記憶術は、脳にインパクトを与えて強く印象を残すのが目的でした。それにより、はじめから記憶が強く残るという利点がありました。

しかし、今回の方法は準備や工夫がほとんどいらないぶん、復習の回数で補う必要があります。

頭文字を集めて出来上がった文字列を読むのにそんなに時間はかかりません。

言い換えると、ストレスなく簡単に何度も復習ができる記憶術ともいえます。

その手軽さゆえ、これまでの記憶術で重要視してきた脳に与えるインパクトを回数で補うことが可能なのです。したがって、この記憶術のポイントは、単純に**「声に出して何度も唱えること」**だけです。

試しに、戦後のアメリカ大統領を覚えてみましょう。

「トルーマン」
「アイゼンハワー」
「ケネディ」
「ジョンソン」
「ニクソン」
「フォード」
「カーター」
「レーガン」
「ブッシュ」
「クリントン」
「ブッシュ」

「オバマ」

「トランプ」

これらの頭の文字だけとって文字列を作ると、「トアケジョニフォカレブクブオト」となります。

初めて聞く音なので、「一体何のこっちゃ」という感じですよね。

何度か口にしていると、自分なりにしっくりくる区切りの位置が見つかります。

私なら、「トアケジョ／ニフォカレ／ブクブオト」で切りますね。

その位置で区切って唱えればリズムも取りやすくなり、音が体に馴染みやすくなります。

あとは、これを**口に出して繰り返すだけ**です。繰り返しているうちに、「すいきんちかもく……」や「すいへーりーべー……」のように音が脳に染み付いてきます。

この記憶術は簡単にできて、しかも応用範囲はかなり広いものです。

ヨーロッパのEU加盟国だろうが、シェイクスピアの悲劇の作品名だろうが、何にでも使える方法です。ただし、何度も繰り返して音を体に染み込ませないとすぐに忘れてしまうので、そこはくれぐれもご注意を。

自宅を脳の記憶装置に変える

私が記憶力日本一になることができたのには、いくつかの秘密があります。

それは、ある一つの記憶術に磨きをかけたからです。

その方法を身につけると、非常にたくさんの物事を簡単に覚えることができます。そして頭には入っているのに、出てこないという現象は確実になくなっていきます。

そもそも思い出せない原因の一つは、情報を整理せずに覚えたために記憶が頭の中でごちゃごちゃとしているからです。

脳の中に記憶の引き出しがあるとすれば、たった一つの引き出しに記憶を乱雑に詰め込んだ状態になっているのです。

そこで、覚えるときにあらかじめ記憶をしまう引き出しを決めて、そこにしまうようにすれば後からすぐに見つけられるというわけです。

そのための方法が、**「自分がよく知っている身の回りにあるもので、今後もずっと変化しないもの」を見つけて、それに記憶を結びつけて覚える**というものです。

そして、その条件に一番適しているのが、誰にとっても一番身近な場所、つまり自宅なのです。

自分の部屋から、まずは設定していきましょう。自分の部屋がない方は他の部屋でも構いません。

部屋をぐるりと眺めてみてください。時計・パソコン・机・カレンダー・本棚・ベッド……いろいろなものがあると思いますが、今まで意識して見ていなかったこれらのアイテムがあなたにとっての記憶装置になるのです。

まずは、それぞれのアイテムを体系化するために番号をつけます。

このとき、気をつけなければならない重要なルールがあります。

番号は自分が部屋の中を歩き回ったとして、その順番どおりに並んでいるものにしてほしいのです。これは、後で頭の中で思い出すときと同じ順番にするためです。

たとえば、①ベッド、②時計、③カレンダー、④机、⑤本棚、⑥花びん……というように、あなたの部屋の中にあるもので、番号とアイテムを紐づけます。

ノートに10個のアイテムを書き出してみてください。アイテムは窓、コルクボード、ゴミ箱、ポスターなどでも構いません。ただし番号順でということをお忘れなく。

書き出せたら表を見て、頭の中でアイテムを一つひとつイメージしてみてください。それぞれに番号を付けましたが、番号を覚える必要はありません。順番どおりに漏れなくそれぞれのアイテムを頭の中でたどればOKです。

そしてノートも実物も見ずに、1個目から10個目まで頭の中でイメージをたどれたら、準備完了です。あなた独自の記憶装置の完成です。

あとは**これらアイテムに覚えたいもののイメージを張り付けていけばいい**のですが、そのイメージとは当然、勉強内容をイメージに変えたものです。

この勉強内容をイメージに変える方法は、これまでの「落書き」や「ストーリー」「ゴロ合わせ」を参考にしてください。

どういうふうにイメージを張り付けていけばよいのか、具体的に例を挙げてみますね。

覚えるものを、聖徳太子・注射器・アメーバ・大仏・ピラミッド・試験管の6個とすることにします。

記憶の場所は、私が説明に使った6つのアイテムとします。

次のように、順番に頭の中でイメージを作っていきます。

「①ベッドに聖徳太子が寝ている、②時計に注射器が刺さっている、③カレンダーにべっとりとアメーバが貼り付いている、④机の上に大仏が載っている、⑤本棚にピラミッドが載っている、⑥花びんに試験管がさしてある」

そして、何周か頭の中でたどってみて、それぞれのイメージが消えていなかったら、記憶の保存が完了したことになります。

後から思い出すときには、頭の中で順番どおりにアイテムをたどっていけば、その場所にイメージが張り付いているので簡単にその言葉を再現できるのです。

この記憶の保管場所は限りなく増やしていくことができます。

自分の部屋から始めて、次にリビング、キッチンといった調子で家の中で増やしていくようにしましょう。ただし、置き場所が固定されていないものは避けてくださいね。

さらに増やしていって、自宅がいっぱいになってしまったら、家の外に作ることも可能です。

家から学校や会社までの通学・通勤ルートにあるアイテムや、頻繁に訪れる施設なども記憶の保管場所に設定することができます。

どんどん記憶装置の容量を増やしていきましょう。

自宅を記憶装置に変えてみる

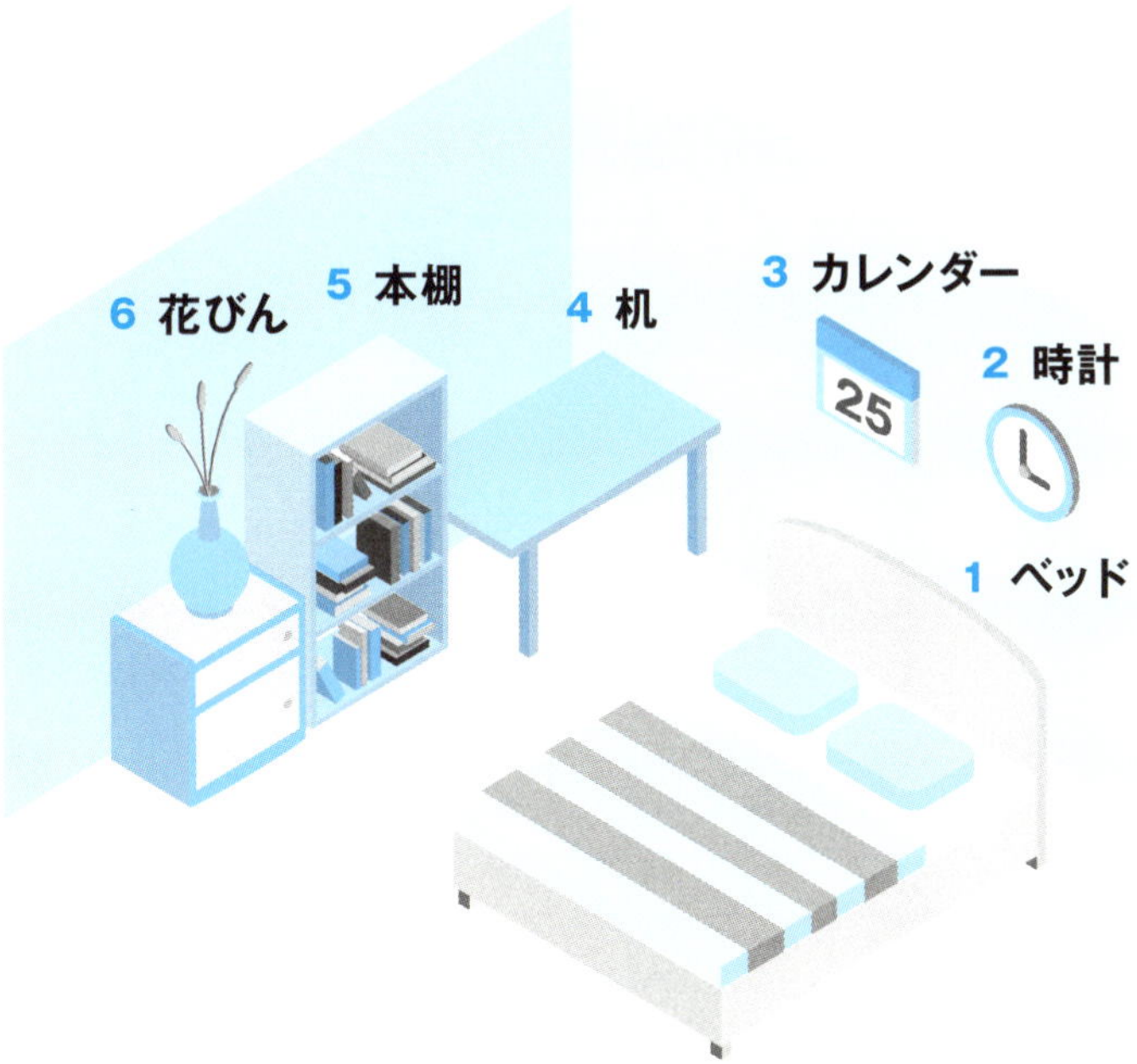

①ベッドに聖徳太子が寝ている
②時計に注射器が刺さっている
③カレンダーにべっとりとアメーバが貼り付いている
④机の上に大仏が載っている
⑤本棚にピラミッドが載っている
⑥花びんに試験管がさしてある

情報を整理して覚えるために、
記憶の保管場所を設ける。

3つの感覚を組み合わせて記憶を強化する

人間の脳は外からの情報の約8割を目から、つまり視覚から受け取っています。そのため勉強をするときに使う感覚も視覚が中心になりますが、そこに他の感覚を合わせて覚えるようにすると、さらに記憶量をアップさせることができます。なるべく**多くの感覚を利用したほうが覚えやすくなる**という記憶の仕組みがあるからです。

実際に私も、複数の感覚を同時に使って覚えることがあります。

記憶競技に「顔と名前」という種目があります。読んで字のごとく、人の顔と名前を記憶する競技です。

覚えるときには印象を強く焼き付けるため、顔写真をじっくりと見ます。そしてその人の名前を、小さくつぶやき音を耳で聞くようにします。さらに、名前を読みながら指で文字をなぞります。これら視覚、聴覚、体感覚を組み合わせることによって記憶が強化されるのを経験上実感しています。

ここでは勉強における記憶を向上させるための、さまざまな感覚を利用する方法について紹介していきます。

聴覚 聞いて覚える

人は目にしたものを全部記憶しているわけではありません。

人は見たものをカメラのように保存する能力を持っていないので、画像そのままを記憶するのは得意ではありません（見たものを写真のように記憶する能力を持っている人はいます）。

同じく音声に関しても100％保存することは不可能ですが、比較すると**音声のほうが映像よりも記憶に残りやすい**という特性があります。

次のように想像すると、わかりやすいかもしれません。

「今から5秒間だけ、ある電話番号を見せるのでメモを取らずに記憶しなさい」という課題を出されたとします。あなたならどうやって覚えますか？

たぶんほとんどの人が声に出して、数字を繰り返し読み上げ音声で覚えようとするはずです。数字を目に焼き付けようとはしないでしょう。

このように音が記憶に残りやすいならば、もっと耳を使った勉強を増やすべきです。音で覚えるというのを勉強に当てはめて考えると、一番に思い当たるのは「音読」です。小学校の頃は算数の九九をはじめ、国語の教科書もよく音読したものですが、それはとても理にかなっていたのです。大人になると確かに人前では難しいですが、ひとりで勉強するときには記憶のためにも積極的に音読を利用すべきです。

さらに、声に出して何かを覚える場合におすすめの方法があります。

それは**「耳栓」をする**ことです。

耳栓をしたからといって、まったく音が聞こえなくなるわけではありません。試しに、両耳を手でふさいで何かしゃべってみてください。ちゃんと聞こえますよね。

ただし、声の聞こえ方がふさいでいないときと違うことに気がついたと思います。耳からの音というよりも、振動のように顔の骨を伝わって聞こえませんでしたか。この振動を伴った音声が刺激となって、脳の集中力を高め記憶力をアップさせるのです。

耳栓も、ウレタン製やスポンジ製などいろいろな種類があるようです。いろいろ試して自分に合うものを見つけてください。

嗅覚 脳も香りには弱い

何かの香りを嗅いだ瞬間、急に昔の記憶がこみ上げてきた経験はありませんか。

ある花の香りを嗅ぐと、昔住んでいた家の庭やベランダを思い出したり、街の中で、ふと覚えのある香水の香りが漂ってきたら昔の彼女がいるのかと思って周りをキョロキョロ見渡したり……。

香りは、記憶と非常に密接な関係にあるようです。

その理由は、脳の中で最初ににおいを伝える場所が、感情や記憶をコントロールしている場所と隣り合っているからだと考えられています。

それならば**勉強のときに何かの香りを嗅いでおけば、強い記憶となる**はずです。

実際、ある香りには脳神経を活性化し、記憶力自体を高める効果があるらしいのです。

それが「ローズマリー」の香りです。

イギリスのノーサンブリア大学の最新研究で、「ローズマリー」の香りには記憶力を高める作用があることが報告されています。

ローズマリーの香りを嗅ぎながら課題を記憶したグループは、その後記憶テストを行ったところ、香りを使わなかったグループと比べて長期的な記憶力が6〜7割もアップしていたそうです。

このローズマリーの香りは、私も使用しています。そんなに高価なものではないので常用しています。

普段はデスクの上にアロマの装置をおいて香りを漂わせています。

大会のときには、試合前にアロマオイルをティッシュに数滴染み込ませて嗅いだりもします。

記憶力への効果は確かにあるのかもしれませんが、ローズマリーの香り自体がよい香りなので、気分がすっきりしてリフレッシュできる効果も大きいかもしれません。

体感覚 手が覚えている

そろばんを習ったことがある方ならわかると思いますが、そろばん式の暗算があります。

頭の中にそろばんのイメージを作り、そのイメージを動かして計算するのです。

これができるようになるには、ある程度の訓練が必要です。なぜなら、慣れないうちはそろばんのイメージを頭の中にとどめておくことが難しいからです。これも一種の記憶なのです。

そろばん式の暗算をしている子どもたちを見ていると、皆ある同じ動作をしていることに気づきます。

頭の中のイメージを動かしているのに、指先はあたかも実際のそろばんをはじいているように動いています。

上級者になってくると、指先を動かさずにイメージだけを動かせるようになりますが、最初のうちは皆、実物をはじくように指を動かします。

これは頭の中のそろばんのイメージをキープしやすいように、実際の操作の体感覚で記憶をフォローしているのです。

このように**何かを覚えるときに体の動きを伴うと、記憶をより強く脳に印象づけることができる**のです。

体感覚を使って覚えるとよいものに「漢字」や「英語のスペル」といった文字があります。小さい頃はノートに何度も書いて覚えたりしたものです。

しかし、実際に書いて覚えるよりも手軽にできるおすすめの方法があります。

それが「空書」です。空書とは指を使って空中に字を書く行為ですが、これが効果的な理由として、書いた字が見えないことが挙げられます。

字が見えないため、先ほどのそろばん式の暗算ではないですが、すべて書き切るためには、その文字のイメージをキープし続けなければなりません。

つまり、覚えたかどうかの確認も同時にできるというわけです。

そして、空書を使って覚えたときのメリットは、アウトプットのときにも表れます。

なんとなく記憶があやふやな感じがする文字でも書き始めると、まるで手が勝手に動くように書けるときがあります。これは空書をしたときの体感覚を脳が覚えていて、その感覚を手に再現させているために起こる現象です。

文字を覚えるときには、イメージと体感覚を使う空書を行うことを習慣化しましょう。

脳が働く時間帯は2つ存在する

優秀な脳にどんどん頼って勉強しようというのが、本書のメインのテーマです。

しかし、皆さんの優秀な脳をもってしても、パフォーマンスのレベルは常に一定というわけではありません。

一日の中で脳のコンディションは変化していくからです。

そうであるなら、脳がバリバリ絶好調である時間に合わせれば、非常に効率のいい勉強ができるはずです。脳が働きやすい時間帯について説明します。

人間はやはり動物なので、動物としての本能から脳の一日のリズムが出来上がっていると考えるのが自然です。

そう考えるならば、生きていくうえでの最重要課題は食料の確保です。

そのため、狩りなどで食料を確保するときに一番脳がよく働いてくれる状態にあることが必要だったはずです。

生存本能というのはとても強いものなので、現代になっても脳の働きのリズムだけが残ったというわけです。

ということは、空腹になっている時間帯を中心に考えることによって脳がよく働く時間帯がわかるということです。

空腹といえば、まずは朝になります。「社会生活基本調査」（総務省調べ）では、日本人の平均起床時間はおよそ6時30分ですので、そこから**朝起きてから午前10時ぐらいまでが、一日の中で最初に脳がよく働く時間帯である**ということです。

特に起きてからの2時間は、集中力が高まる時間です。

発想力もこの時間帯に一番発揮することができるので、この時間帯を利用して勉強しない手はありません。

ただし、注意しなければならないこともあります。

それは起きたばかりの状態、つまり起き抜けのときは脳もまだ寝ぼけているので、この時に限っては何かを覚えようとする勉強は向いていません。

起き抜けの時間は、覚えるというよりも「復習」に充てるべきなのです。

この午前中の時間帯を過ぎると、脳のパフォーマンスは徐々に低下していきます。

この状態が午後4時ぐらいまで続きます。

そして**午後4時ぐらいからまた脳が働き出し、夕食の時間まで記憶力も回復していきます**。

家に帰ってきたら、夕食前までの時間帯は勉強に使うのが有効なのです。

夕食後、空腹が満たされた時間には、生存本能が危機感から解放されてしまい、脳が休憩モードに入ってしまうからです。

そこで食事をはさんで勉強する必要がある場合には、脳のパフォーマンスを下げないためにも食事は控えめにしましょう。

もしお腹がいっぱいになってしまったら、どうせ脳は動かないので、直後の勉強はあきらめて休憩に1時間ぐらい充てるとよいでしょう。

人によっては都合よくこの時間帯に合わせられない生活リズムだったり、仮にこの時間帯であっても疲れがたまっていて本来の能力が発揮できなかったりする場合もあるかと思います。

そんな人たちのために脳をリフレッシュさせ、パフォーマンスを再び引き上げる方法があります。

それが**「仮眠」**です。

コーネル大学の社会心理学者ジェームス・マースが名付けた、「パワーナップ」という15〜30分の仮眠をとる方法があります。

この時間で仮眠をとると、脳のパフォーマンスはとらないときに比べ34%も向上することがわかったのです。

疲れているときなどは、たとえ勉強がそこで中断してしまうとしても思い切って15〜30分の仮眠をとったほうが、我慢して続けるよりも脳がリフレッシュして、効率的な勉強ができるというわけですね。

ただ、このパワーナップをするときに気をつけなければいけないことがあります。

それが寝すぎないことです。

最適な仮眠時間は、先ほど挙げた15分から30分のあいだです。それを超えると、かえって疲労を増加させてしまう恐れがあるのです。

そうならないために、仮眠をとる直前にコーヒーなどのカフェイン飲料を摂っておきましょう。

カフェインには覚醒作用があります。

この覚醒作用が働き出すのが、まるでこのパワーナップに合わせたかのように摂取してから30分後なのです。カフェインが目覚まし時計のように、ちょうどよい時間に作用し寝すぎの防止にひと役買ってくれるというわけです。

脳が働く最強の時間帯は2つある

1 朝起きてから10時まで

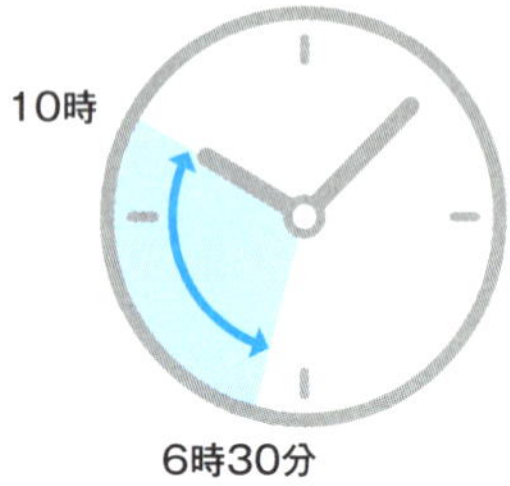

受験シーズンでよく見られる
朝起きてすぐの勉強は、
効果的である

2 夕方16時から夕食まで

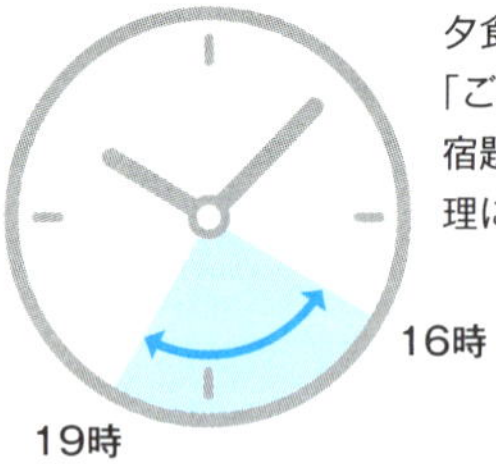

夕食前に言われる
「ご飯食べる前に
宿題やりなさい」は、
理にかなっていた!?

動物としての本能から脳が一日でいちばん働くのは、
朝食、夕食前の空腹の時間帯になる。

第2章

脳にまかせて速く覚える「3サイクル反復速習法」

記憶の定着には必ず復習が必要

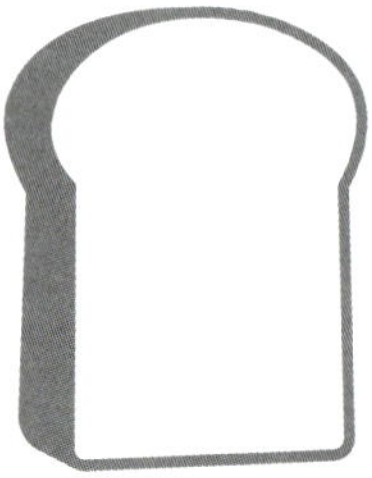

勉強内容を一度で覚えることができる方法はないものかと考えたことはないですか。漫画『ドラえもん』にも「アンキパン」という勉強内容を丸暗記できるパンが出てくるほどですから、考えることは皆さん同じかもしれませんね。

「一度で覚える」と言いましたが、ここで問題になるのは、どのぐらいの期間覚えていられるかどうかです。あることを1回勉強して5分後に覚えていても、そのことを1回で覚えたとは誰も言わないでしょう。

勉強において「覚えている」というのは、次の日も、次の週も、その後もずっと覚えていることを指すのであって、少なくとも目的である試験まで覚えておくことができないのであれば、それは「覚えた」ということにはなりません。

悲しいことに、脳は自分自身のオーバーフローを防ぐためになるべく物事を覚えないような仕組みになっていて、それにより記憶というものは必ず忘却していく運命なのです。

それもかなり急激に！

昔、エビングハウスという心理学者が記憶の忘却について調べた実験結果があります。「エビングハウスの忘却曲線」と呼ばれ、現在、記憶について何か検証するときにはこの結果が一つの目安となっています。

このグラフの形状を見てもらうとわかるとおり、記憶というものははじめの段階で急速に失われていきます。

覚えてから20分後に約42％、1時間経つと約56％、そして次の日になると、じつに約74％もの記憶が失われていくことになります。

その人の能力によって多少変動はあるかと思いますが、これが人間に共通している記憶が薄れていくパターンです。

今まで自分のことを物覚えが悪いなどと嘆いていた人もいるかもしれませんが、**脳がそういう仕組みになっているので忘れていくのは当たり前**のことだったのですね。

エビングハウスの忘却曲線

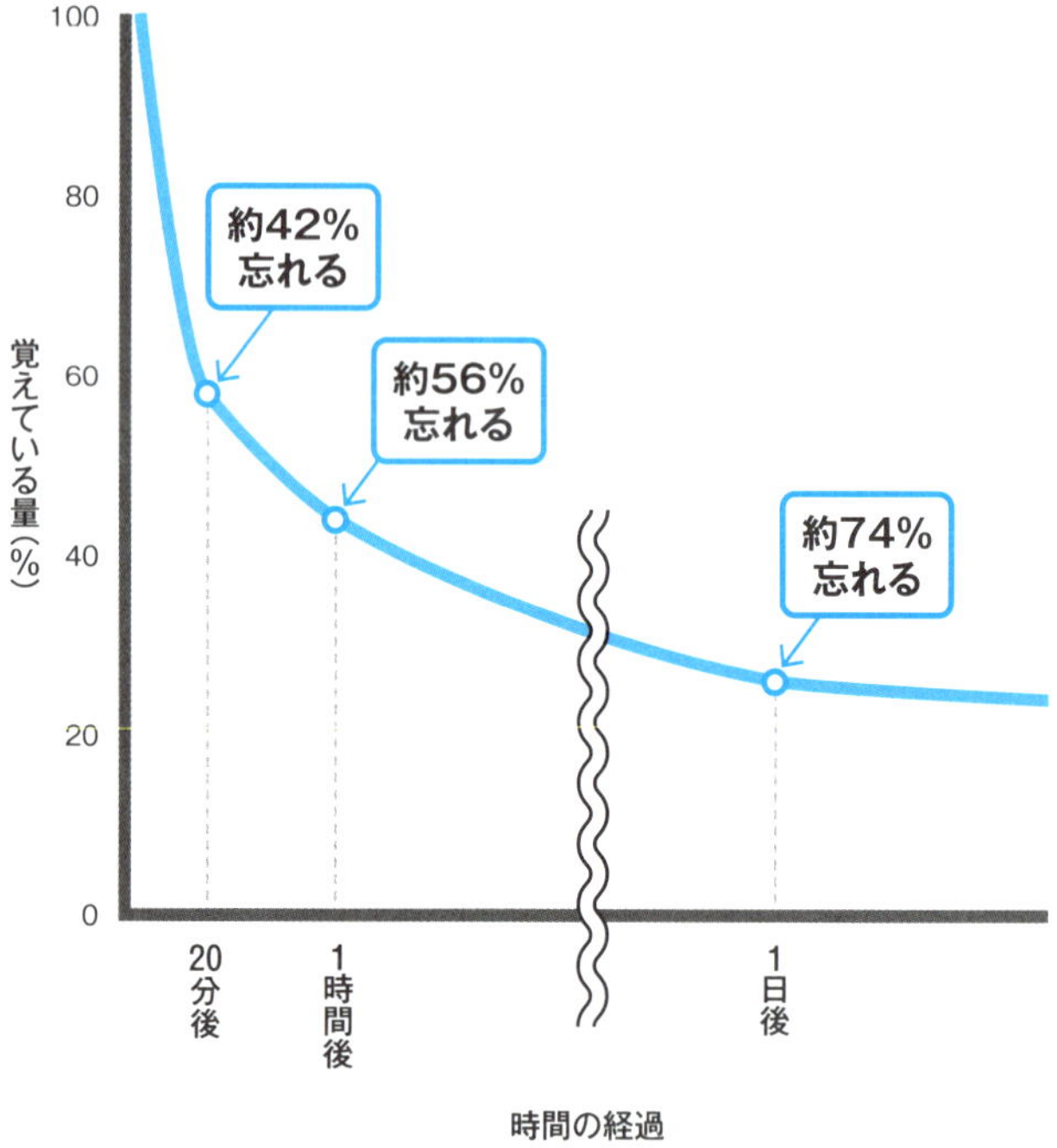

普通に勉強していると、
1時間後には学習した半分以上を忘れていることに！

物覚えが悪いのではなく、
人類皆、忘れるようになっている。

それならば、いわゆる記憶術を使ったらどうなのでしょうか。

記憶術を使えば、1回で忘れることなく覚えることができると思いますか？

前にも紹介したように**記憶術とは、覚えたいものを、脳にとって覚えやすい形に加工する技術**です。

確かに、脳にインパクトを与えて忘れにくくはしてくれるのですが、残念ながら1回で永久に覚えておくことはできません。

先ほど記憶の忘却のグラフが出てきましたが、あの結果は記憶術など使わずに力ずくで覚えたものに関して調べたものです。

もし記憶術を使った場合には、グラフの形状は変わってきます。あれほどの急激な落ち込みはなく、もっとゆるやかな曲線になります。

つまり、それは忘れにくいということであり、記憶術が勉強にとって非常に有効な手段であるのは間違いないのです。

それでは長い期間覚えておくために、記憶に定着させるにはどうすればいいのか、ある学習にとって重要な要素がここでまた浮かび上がってきます。

それが**「復習」**です。

第1章でも出てきましたが、**「記憶の定着度＝復習の回数」**です。

復習を繰り返すことにより、先ほどの忘却曲線の形がゆるやかになっていき、最終的には水平になるのです。要するに、頭の中に記憶が定着した状態です。

どんな方法をとっても、1回で長く覚えるのがもともと無理なのであれば、復習に力を注ぐのが正しい方向なのは理解できるでしょう。

ひと口に復習といっても、読むのか書くのかといったやり方から、いつ行うのかというタイミング、そして何回行うべきなのかといった回数など、どのように復習をすればいいのか迷われると思います。

そこで本書では、今までにない非常に効率的な復習方法をお伝えします。

その復習方法は記憶の観点から有効なだけでなく、集中力もキープできる仕組みを含んでいます。第2章では、その具体的な方法を説明していきます。

全範囲終わってからの復習は非効率

どのような復習が勉強を進めていくにあたって効率的なのか、皆さん知りたいことだと思います。

範囲が限定されている勉強をする場合、「鉄則」といってもいいぐらいの進め方があります。それは、**理解度は二の次にして、とにかくスピードを優先して、できるだけ早く全範囲の勉強を終わらせ、それを何回も繰り返す方法**です。

もし今のあなたの勉強の進め方が、「うさぎとかめ」でいうところのかめタイプ、要するに着実に物事を進めなければ気が済まないタイプだとしたら、ただちにスピード優先のうさぎタイプへの転向をおすすめします。

その進め方だと、勉強が雑になるような気がして、本当に覚えられるのか不安になるかもしれませんが、最終的な記憶の定着度で判断すると、これが一番効率的な進め方だといえるのです。

勉強における記憶の定着度とは、ペンキ塗りのようなものと考えてください。

壁にペンキを塗るときには1回で塗り終わることはありません。なぜなら、一度ではところどころムラができてしまっているからです。

そのため完成までには、何度もペンキを塗り重ねて厚みを増す必要があるのです。

勉強の記憶も、これと同じことがいえるのです。

わかりやすい例として、今ここに新しく英単語を覚えようとしている学生が二人いるとしましょう。一人をAさん、もう一人をBさんとします。

二人が覚えるのは同じ100個の英単語とします。

Aさんは、その100個の英単語を4時間かけてその日一日だけで覚えたとします。

それに対してBさんは、一日1時間の学習時間で4日かけて覚えたとします。覚えるのに使った時間は、どちらもトータルでは4時間です。

仮に覚えた直後に記憶のテストをしたとすると、その時点では二人の記憶量には差はありません。

ところが、しばらく時間が経過した後でテストをしてみると、4日に分けて学習したBさんのほうが思い出せる量が多いという結果になるのです。

これは記憶に関する脳の性質であり、**薄い記憶を何回にも分けて塗り重ねたほうが、じっくり時間をかけて一度で覚えるよりも忘れにくい強い記憶となった、つまり記憶の定着度が高かった**ことを示しています。

ただし、ある条件を考慮しないまま進めてはいけません。

その考慮すべき条件とは、「勉強範囲の広さ」、すなわち「勉強の全体量」です。

学校の定期試験ぐらいならば、問題はないのですが、入学試験、資格試験などを考えた場合、勉強しなければならない範囲はかなり広いものとなり、勉強内容のボリュームも大きくなります。

このような広い範囲を、先ほどの方法で進めるとどうなるか考えてみましょう。

スピードを重視して、記憶の定着は後回しで全範囲を進めたとします。

繰り返すことにより記憶を厚くしていくのだから、1回での記憶は薄くていいはずなのですが、範囲がとても広い場合、この一度の記憶があまりにも薄すぎるのです。

同じ時間勉強しても記憶量に差が出る

英単語を100個覚える場合

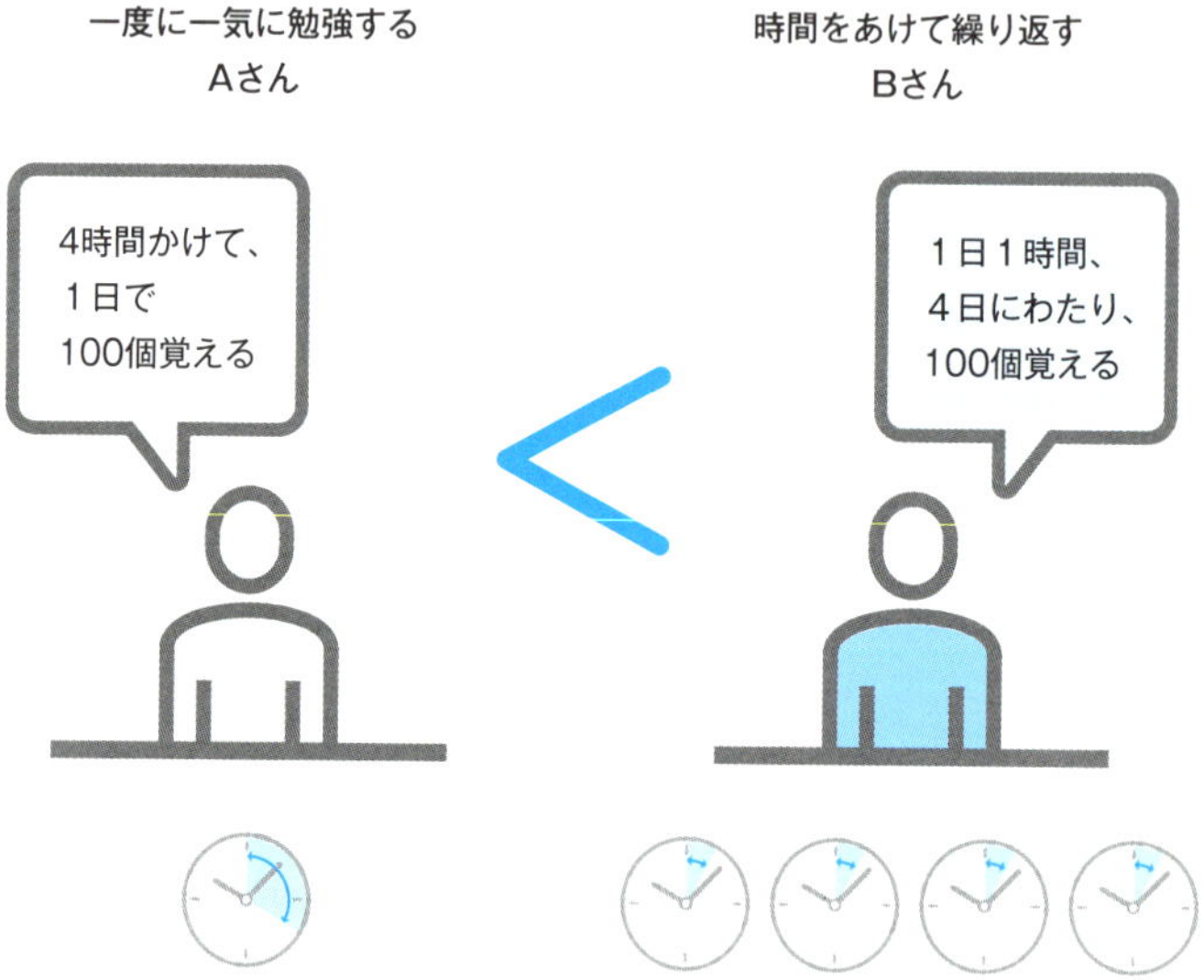

覚えた直後にテストをしても、二人の記憶量に差はないが、
時間が経過した後のテストでは、
4日に分けて学習したBさんのほうが
思い出せる量が多いという結果になる。

前節の記憶の忘却曲線でもわかるように、記憶というのは急激に減っていくものです。

いくら薄い記憶を塗り重ねて厚くしたほうが強い記憶になるとはいえ、1回での記憶があまりに薄すぎる場合、厚みを増すにはものすごくたくさんの回数を繰り返さなければならなくなります。

このように範囲が広い勉強の場合には、このやり方で進めるとかえって非効率になってしまう可能性があるのです。

では、範囲が広い勉強をする場合にも、このスピード重視の考え方を活かす勉強法はないものでしょうか。

その答えは、私の参加している記憶競技にあったのです。

記憶競技で生み出した速習法

私が参加している記憶競技には、1時間もの制限時間をかけて覚える種目があります。
記憶時間が1時間ともなると、覚える量は相当なものになります。
日頃から練習を積んでいる記憶競技の選手でさえ、これを一度で記憶するのはまず不可能で、どの競技者も制限時間内に必ず復習をして覚えているのです。

そこでポイントとなるのが、どのように復習をすればより効率的かです。

私が最初に試した復習は、前節で説明したような全範囲を繰り返して覚えるもので、薄い記憶を塗り重ねて厚くする方法です。

この方法で練習を始めると、すぐに問題点が浮かび上がってきました。

先ほどのペンキ塗りの例でいうと、塗り重ねて壁を完成させようとやってみたら、壁の面積が思ったより広かったのです。

壁が広いと、当然ながら1回の塗りでは色は薄く、ところどころにムラができてしまいます。つまり記憶が非常に薄いうえに、記憶の定着にもばらつきがあるということです。

そこでムラをなくすために、1回で塗る範囲を狭くしました。範囲が狭いので簡単にすばやく塗り重ねることができます。また、小さい達成感をいくつも味わいながら進められるので、モチベーションもキープできます。

全範囲をいくつかの狭い範囲に区切り、その狭いエリアごとに復習をしながら、次のエリアに進みますが、狭い範囲ごとの復習にも工夫を重ねました。

復習というのは、ある程度忘れかけた頃に行うことにより、初めて記憶を強くする作用があるのです。

あまり忘却が進んでいない段階で復習しても脳が働く必要がないため、記憶が強化されません。

そこでその点を改良して、一つの狭い範囲を繰り返すのではなく、次のエリアに進んで少し記憶が薄れてきたときに、一つ前に戻って復習するという形をとることにしました。

昔の歌に「三歩進んで二歩さがる」という歌詞がありましたが、ここでは「二歩進んで一歩さがる」といったところでしょうか。

この方法だと、各エリアの学習を3回転して進んでいくことになります。記憶が落ち切ってしまうのを防ぎながら、学習を進めることができるのです。

スピードを上げて学習を進めても、すぐに2回も復習できるという安心感があるため、立ち止まらずにスピードをキープして進めることができるという、うれしい副作用もありました。

こうして生まれた速習法は、一般的な勉強全般にも通用する方法です。

記憶の量を可視化したらこうなる

×

1回の塗りでは色は薄くなり、
ところどころにムラができる。

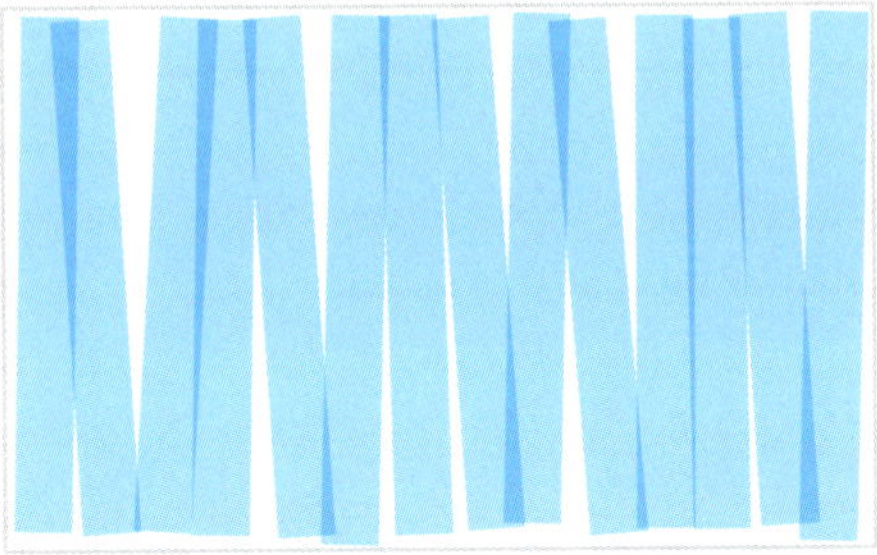

○

範囲が狭いので
簡単にすばやく塗り重ねることができる

全範囲をいくつかの短い範囲に区切り、
復習をしながら、次のエリアに進むのがよい。

勉強の完成度が高くなる「3サイクル反復速習法」

「3サイクル反復速習法」を始めるにあたって、この勉強法を成功させるための大事なポイントをお伝えしておきます。

それは、この本に一貫しているテーマでもある「脳にまかせる」ことです。

「脳にまかせる」ということは、言い換えると「自分の脳の力を信じる」ことです。

勉強には、根性のイメージが伴います。しかし、学習すること自体に根性はあまり関係ありません。大声で気合を入れたから、数学の問題が解けたり、内容が理解できたりするものではありませんよね。

根性が必要なのは、さまざまな誘惑に負けずに勉強に取り掛かるためや、勉強を毎日継続するためという習慣化に関する場面です。

勉強に必要なのは、覚えようとする意志だけであり、その後の学習自体は淡々と進め

ればいいのです。

最近の脳科学でも徐々にその機能が解明されてきていて、その情報も世の中に伝わっているので、皆さんも脳というのはすごい能力を持っていると、うすうす感じていることでしょう。

何度も繰り返して覚えることで記憶の定着度が上がるのは、脳の記憶の仕組みがそうなっているからです。単に繰り返せばよいのです。

また、この優秀な**脳は皆さんが夜寝ているあいだに、昼間、頭の中に入ってきた情報を自動的に整理して記憶の強化のために自ら働いてくれている**のです。そこには、あなた自身の覚えようとする意志は働いていません。

脳は新しい刺激によってどんどん進化していきます。

学べば学ぶほど脳は反応し、脳の中の回路を変化させてどんどん大きく発達させていくことができます。その結果、いつの間にか、こうなりたいという目標をクリアするために必要な脳にカスタマイズされているのです。

勉強の基本は独学です。まずは、自分自身の脳の力を最大限に利用して勉強を進めるのです。そうして、どうしてもわからない箇所が出てきたときに初めて、先生や講師の方に教えを請えばよいのです。受動的ではなく能動的なマインドで勉強は進めるべきです。

皆さんの脳はとても優秀です。ぜひその優秀な脳を信じて、そしてまかせて3サイクル反復速習法に取り組んでください。

1 範囲をせばめて集中力をキープ

この勉強法はいろいろな教材に応用することができますが、基本として、教科書、参考書、問題集、英単語帳のような書籍・教材を前提に説明していきます。

まずは、勉強の進め方についてです。

全範囲を狭く区切ることから始めるのですが、その際、目次で分けられている章や単元といった内容による区切りは無視します。

なぜならこの学習法の一番の肝はスピードで、そのスピードをキープするためにはリズムが大切だからです。

リズムを一定にするためには、1区切りごとの学習量が一定でなければなりません。目次になっているような内容の切れ目では、あるところでは長く、別のところでは短いといったようにそれぞれのページ数にばらつきがあり、一定のペースを保つことが難しくなるからです。

そこで、ここでは単純にページ数で区切ることにします。

では、最小範囲は何ページにすればよいでしょう。

この速習法は、運動でいえばダッシュを繰り返しながら進んでいくようなものです。ですから最初に設定する範囲に無理があると、途中で息切れを起こします。

つまり集中力が続かなくなるということです。そうならないために、**最初は1ページを一つの範囲に設定しましょう**。最初は、と言ったのは、この進め方に慣れてきたら自分のペースに合わせて最小範囲を調整することが可能だからです。

この最小範囲である**1ページを3回繰り返しながら勉強を進めていく**ことになります。一番のポイントになる復習の方法ですが、具体的に1ページ目から説明していきます。

はじめは1ページ目の学習を終わらせます。終了したら、そのページの数字を丸で囲

3サイクル反復速習法：勉強の順番

勉強範囲を1ページで区切った場合

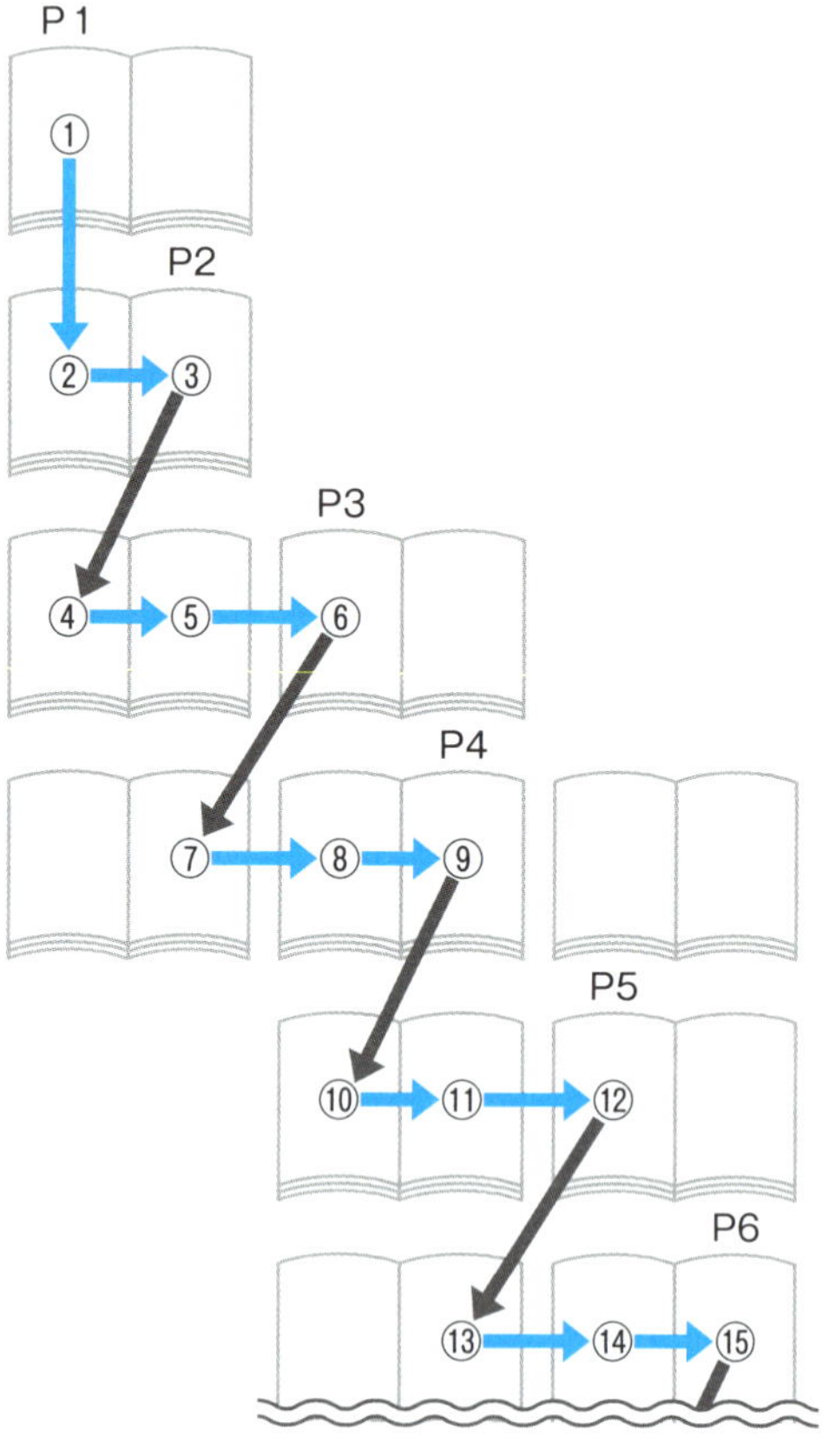

最初のページを２回、次のページを１回読んだら、
「1歩さがって、2歩進む」の要領で進めていけばいい。

みます。これがそのページの学習が1回終了したことの印になります。

そして**もう一度1ページを復習すると二重丸になります**。このように、ページの数字に二重丸がついたら次のページに進む合図です。

次のページが終了したら同じようにページの数字を丸で囲みます。今度はこの1個の丸が前のページに戻る合図になります。

まとめると、**最初のページのみ連続して2度学習して二重丸になったら次のページに進み、次のページを学習後、丸を1個つけたら前のページに戻る**、という流れを繰り返します。ページ数を並べると、①→①→②→①→②→③→②→③→④→③→……というように1ページにつきトータル3回ずつ学習しながら進むことになります。

2 「読み」に徹してハイスピード学習を続ける

前項で説明した変則的とも思われるこの進め方の目的は、以前にもお伝えしたように「記憶の保持」です。

脳にとって復習とは、ある程度時間が過ぎた後で行うことに意味があるからです。

そうすることによって、**脳自身が「あっ、この部分の記憶が弱い」と自覚してくれて**

自動的に記憶を補強してくれるのです。

また、この進め方をするのにはもう一つ理由があります。

この勉強法の重要ポイントは**「スピード」**です。

そもそもスピードを上げて進めていかないと、復習の回数が多いぶん、この勉強法をとらないで進めていった場合よりもかなりの時間がかかってしまうことになり、この勉強法を選ぶ意味がありません。

短期間で全範囲を終わらせ、その時点で3回学習できているというのが、この勉強法の有利な点なのです。

不安感があるとスピードを上げたまま進めることは難しいですが、この勉強法そのものがスピードを上げることへの不安を生じさせない仕組みになっています。

なぜなら、すぐに前に戻って復習できるからです。しかも短時間にトータル2回も。

これが安心感を生み、迷わずスピードを保ち続けることができるのです。

さらにスピードをキープするために、大事なことがあります。

それは教材がたとえ問題集であっても、その問題を解きながら進めてはいけないということです。問題に対して考える時間があると、どうしても時間がかかります。また、答えを書くこと自体も進めるスピードを落としてしまいます。

ではどうすればよいかというと、**「読む」ことに徹する**のです。

問題集などの場合、解答も同時に準備しておき、問題を読んだ後すぐに解答を読み込んでいけばよいのです。この方法をとれば、たとえ勉強の科目が数学のようなものであってもスピードを落とさずに進めることができるのです。

また、この勉強法で進めていくと学習能力自体も向上していきます。

それまでは内容を一度で理解しなければならないという潜在意識が読むスピードに制限をかけていましたが、この勉強法により、その精神的なブロックがはずれるので速読の能力も同時に鍛えられます。

読むスピードが速くなると、相乗的にどんどん頭がよくなってきます。

3 わかりづらい部分は後回し

ここまでスピードを最優先させて進めてくださいと言ってきましたが、実際に教材を読み進めていくと、なかにはどうしても覚えにくかったり、すぐには理解できなかったりするような、スピードを阻害しがちな部分が出てくるのも確かです。

そういう箇所が出てきたとしても、くどいようですが、そこで立ち止まって時間をかけることはやめましょう。

仮にそこで立ち止まって、一生懸命考えて1時間かけて理解できたとしましょう。でも、そこで粘らなくてもいつかは理解できる問題であることが多いのです。

本番の試験まで日数に余裕がある普段の勉強であれば、それに時間をとられるより、その1時間を使って先に進んだほうが効率的です。

それに**もし難しい箇所が出てきたとして、その場で理解できなくてもとりあえず頭に入れておくだけで、ここでも脳が大活躍してくれる**のです。脳にまかせておけばいいのです。


皆さんにもこういう経験はありませんか。

ある問題を解こうとしたのだけれど、どんなにがんばっても答えが出ない。

その場はあきらめてほうっておいたのだが、しばらく時間が経ったあるとき、まるで回路の配線がつながったかのように、いきなりひらめいて答えを出すことができた。そんな経験を持っている人は少なくないはずです。

これもやはり脳の働きのおかげなのです。

もし脳が覚えたものをその形のままでしか保存できないとしたら、レコーダーとしての価値しかありません。

脳が機械と違うのは、覚えたものを使いやすい形に自動編集してくれる能力を併せて持っているところです。

頭の中に入ってきた情報に対して、脳が知らないうちに、思考回路の再配線工事を行ってくれているのです。

4 さらに加速で脳をレベルアップ

科目の種類や難易度、または個人の学習スピードにも違いがあるので、その日その日の学習進度はそれぞれ皆異なってくるはずです。

次回始めるときに必ず前の続きから始めて、前回までと同様にスピードをキープして続けてもらえれば、どこから再開しようが問題ありません。

こうして**3サイクルを繰り返しながら、スピードを保ちつつ、できるだけ早く1回目を終わらせます**。

全範囲を1回転させた時点で、すでにその勉強科目の全容がボリュームも含めかなりイメージできていることと思います。

家造りにたとえると、枠組みができたということです。家ならば、完成させるには屋根や壁など周りの設備を整えなければなりません。

つまりこの勉強法も、さらに完成度を高めるためには、もう少し手を加える必要があります。

漏れている部分や弱点、記憶の薄い箇所がまだ残っているはずです。

それらを補完してより強い記憶として定着させ、本番で使えるレベルに昇華させるためにもさらに復習を進めてもらいたいのです。

2回転目からは、1回目のような3サイクルで進む必要はありません。

最初から順番どおりに進めてください。

2回目でも重要になるのはやはりスピードです。

すでに枠組みができているので、1回目のときよりも楽に進めることができるはずです。

1回目のときよりもさらに加速することを意識して進めるようにしてください。

そして2回転目も終了した後、ダメ押しでさらにもう1周して終了です。

つまり、全範囲として見たときに3回繰り返したことになります。

1周目を3サイクル反復速習法で進めて、最速で枠組みを作り、2周目、3周目で補強することにより、その勉強の完成度はかなり高いものになっているはずです。

3サイクル反復速習法：まとめ

1 範囲を区切って、3回学習する

1ページ目の学習が終わったら、そのページの数字を丸で囲む。
2歩進んで1歩さがるの流れで、同じページを2回繰り返す。

丸は前に戻るサイン

二重丸は次に進むサイン

2 とにかくスピードを重視する

問題を読んだ後すぐに解答を読み込む。
問題は解くのではなく、読むことに徹すれば、
スピードは落ちない。

3 わからないところはとばす

もし難しい箇所が出てきたとして、
その場で理解できなくてもとりあえず頭に入れておくことで、
脳がのちに理解するよう、働いてくれる。

4 2回目は最初から順に

2回目は、最初から順番どおり進める。
1回目で枠組みを作り、2回目、3回目で補強することで、
勉強の完成度はかなり高いものになる。

第3章

脳にまかせて言葉にする「1分間ライティング」

記憶にとって言葉にすることが重要

第2章では、「読み」を中心にした「3サイクル反復速習法」をお伝えしました。

やることは、スピードをキープして勉強を続け、あとは脳にまかせる、これだけです。

3サイクル反復速習法だけでも有効なのですが、第3章ではさらに脳を利用して学習をレベルアップさせる方法をお伝えします。

皆さんには、頭に入っていると思っていた知識がいざ本番になってみると思い出せなかったりした経験はありませんか。

テスト当日、問題が配られてざっと目を通してみたら、その内容は家で勉強しているときに何度も目にしたもので、テキストや参考書のどのあたりにあったかもイメージできるほどでした。

「これはいけるぞ！」と思って、いざ始めてみたらなぜか答えられない。

その感覚は芸能人の顔は思い出せるのに、名前が出てこないときと似ています。

最初は少しあせりますが、まあ絶対に知っている内容なのでそのうち思い出すだろうと考えて先に進みます。

ところが他の問題を答え終わってもいっこうに思い出せず、どんどん時間だけが過ぎ、ついに終了時間となってしまいました。

テスト終了後、友だちに答えを聞いたところ、やっぱり知っている答えだった……。


「覚えているのだけれど、出てこない」


潜在意識に記憶できていることは間違いありません。

それではなぜ、答えが書けなかったのでしょうか？

それは、その答えに関する知識の脳への保管状態に問題があったからなのです。

ここまでお伝えしているように、人の脳はとても優秀です。その優秀さが、時にはアダになることがあるのです。

脳は勉強内容の個々の要素をまとめ上げて、なるべく全体像を見ようとします。個々に注目するよりも、その全体像の概念を優先して覚えようとします。概念なので、文字ではなくいわばニュアンスのようなものです。

そして後になってから勉強中にそのニュアンスに出合うと、「ああ、あのことか」と、その勉強対象の全体的な概念を思い出すことができるのです。

これはたくさんの物事を学習する場合にとても重要な能力ですが、試験となると少し厄介な能力なのです。

なぜなら試験の解答形式のほとんどは、選択するにせよ記述するにせよ、文字の形で答えを表現する必要があるからです。

つまり**知識や考え方をイメージの状態ではなく、言葉として認識しておく必要がある**のです。

単に思考力を鍛えるのが目的であるならば、この勉強方法でもまったく問題ないと思いますが、アウトプットの結果が重要な試験やテストの場合には、その概念のかたまりから答えを具体的な言葉の形で取り出せるようにしておかなければなりません。

そのために必要なことが、その内容を口に出して説明したり、文字にして書いたりして、**言葉としてアウトプットできるかを事前に確認しておく**ことなのです。

覚えているのに答えが書けない裏には、こういうことがあったのです。

さらに、テキストや参考書で理解できた部分にマーカーをしたりアンダーラインを引いたりした経験がある人も多いと思います。

確かにそうすることにより、覚えたような気になります。自分は勉強しているのだという満足感も得られるでしょう。

けれども、そこで終わらせてしまうと、単にニュアンスを覚えているだけで、具体的な言葉としての答えが書けないという落とし穴があるのです。

そうならないためには、マーカーを引いた箇所などは言葉にして説明できるか、一度確認しておくとよいでしょう。それがさらに自分にとっての経験となり、記憶を強化することにもつながります。

試験を目的とした勉強に限っては、知識というのは昔でいうところの右脳的作業、つまりイメージで覚えるだけではだめで、左脳的作業、要するに言葉にする作業も同時に重要なのです。

この右脳的、左脳的、両方の「脳力」をフルに活用することで、さらに皆さんの脳は「まかせられる脳」になっていきます。

言葉としてアウトプットする

✕ 大事なところを、
アンダーラインやマーカーペンのラインを引く

○ 大事なところを
言葉にして説明できるようにする

知識や考え方を「イメージ」の状態ではなく、
「言葉」として認識しておく

人に教えるのがベスト

クラスの中で抜群に成績がよい人っていますよね。

勉強でわからないところを、そういう成績のよい人に教えてもらったことはありますか？

たぶんその人は、丁寧に教えてくれたのではないでしょうか。

優秀な人ほど、丁寧にしっかりと教えてくれる傾向があるのですが、それには相応の理由があるのです。

自分の持っている知識をアウトプットすることによって記憶を強化するには、**自分の勉強した内容を人に説明する、もしくは教えることがベスト**なのです。

脳は知識の記憶は苦手なのに対して、実際に経験、体験したことを記憶するのは得意であるということを前に紹介しました。だからこそ「思い出」は長く記憶に残るのだと。

そこで、「人に教える」というアウトプットをすることにより、「これは○○君に説明したところだ」「ここは勘違いして覚えていたのを逆に教えてもらった内容だ」などというように、**「知識の記憶」を「経験の記憶」に書き換えることができる**のです。

そもそも自分自身で本当にその内容を理解していないと、相手に理解してもらうことは困難です。そこで教えた相手の反応で、その時点での自分の習熟度も測ることができるのです。

さらに、人に教えること以外にも大事なアウトプットがあります。

それが**自己確認の作業**です。

自己確認とは、本番までに行う知識の確認です。

前節で、自分では覚えているつもりの内容を試験で答えられなかったという例を挙げました。

その瞬間は嫌な気持ちになったでしょうが、見方を変えると、その苦い経験も長い目で見れば、その時点でのレベルの確認ができたいい機会だったと考えられるのです。

つまり、その苦い経験も勉強に関する記憶にとってはいい思い出となったわけです。

次の試験では、この経験の記憶があるために同じ問題が出れば必ず答えられるでしょう。

本番前に行う自己確認は自分で過去問を解くのでも、友人と問題を出し合うのでも構いません。各団体が主催する模擬テストを受けるのもよいでしょう。

とにかく、**自分の知識をアウトプットして確認できる機会を持つ**ことです。

この確認の機会がないまま勉強を進めると、知識は豊富にあるけれど、本番の試験のときに初めて、その知識を使いこなせないことに気づくということもありうるのです。

それまで覚えたものを本番の試験できちんと答えられるようにするために、定期的にアウトプットの自己確認をする方法があります。

それは、私が新しい記憶術を考え出す際に使っていた脳整理法から生まれた勉強法です。この方法であれば、**「頭の中の確認」と「記憶の強化」を同時に行うことができます。**

知識の記憶を経験の記憶に書き換える

人に教える3大効果

1. 記憶を強化する
2. 自分の習熟度がわかる
3. 知識を思い出に変える

自分の知識をアウトプットして
確認できる機会を持つ。

新たな記憶術を編み出した脳整理法

私は記憶競技の練習を始めてからほどなく記憶力日本選手権大会で優勝し、記憶力日本一となることができました。それには理由があったのです。

短期間で勝負するためには、他の人と同じことをやっていても勝てません。自分独自の記憶テクニックを編み出すことが先決だとまずは考えたわけです。

けれども、そんなに簡単に新しい方法が思いつくものでもありません。

そんななか、試行錯誤の末に行ったのが次の方法なのです。

新しいアイデアは、まったくゼロの状態からは生まれません。

そこで脳や記憶に関する知識がたまり、それらが頭の中で整理された頃、アウトプットの作業を行いました。

どんなアウトプットを行ったかというと、**自分の頭の中にある知識、考え、アイデアなど思いつくものすべてを紙に書き出す**というものです。

なぜ紙に書き出す行為を選んだかというと、自分の頭の中の記憶に関する知識を「見える化」したかったからです。

書き出された内容を目で見て脳に取り込むことにより、そこからまた連想が膨らんで新しいアイデアにつながることを期待したのです。

紙に書き出すといっても、じっくり時間をかけていいアイデアを思いつくのを待って書いていくわけではありません。

制限時間を決めて、まったく手を止めずに字を書き続けたのです。

慣れないうちは途中でペンが止まりがちになることもあったのですが、それでも手を止めずに、そんなときは「今は考えが浮かばないけれどすぐに何か浮かぶはず。そうだ〇〇について考えてみるのはどうか」など、その瞬間浮かんだことをそのまま正直に書き続けました。

手を止めずに書き続けたのには訳があります。

考える時間があると、人の脳というものは、すぐにかっこつけようとするのです。つまり、見た目だけよくて中身があまりないアイデアを作ろうとするのです。

その脳の「編集したがり屋」は常識的な考えを求めたがります。この「編集したがり屋」の動きをセーブするためには、手を動かし続けることが必要だったのです。

イメージとしては、頭の中と手が直結しているような感じが理想です。

このアウトプットを続けていくうちに、自分の頭の中が明確になっていきました。そして期待していたとおりに、**「わかっていること」と「わかっていないこと」の確認も同時にできる**ようになりました。

さらに続けるにつれ、**アイデアがひらめく回数も増えていった**のです。

こうして新しい記憶術を編み出していきました。

私は人にものを教える仕事をしています。

効率のよい勉強方法はないか、その意識が頭にいつもあるので、このアウトプットが勉強にも有効な手段であることにすぐに気づいたのです。

前節で頭の中にある知識が必要なときに取り出せるものかどうか確かめておく必要があると述べました。そのために有効な手段が知識を自己確認することだとも話しました。

このアウトプットで頭の中身を目に見える文字にすることにより、本当に覚えているか、理解しているかの自己確認をすることができます。

また、それを見ることによって覚えていなかったり、理解できていなかったりする自分に足りない部分をピンポイントで確認することもできます。非常に効率のよい復習をすることができるというわけです。

さらに、記憶という観点からもこのアウトプットは効果的です。この作業自体が経験の記憶になりうるからです。

今回お伝えするアウトプットを利用する勉強法は2種類あります。

一つは知識を深く掘り下げていく方法、もう一つは知識のネットワークを作る方法です。

知識の深掘り「1分間ライティング」

ここからは、実際のアウトプットの方法について説明していきます。

この勉強法は「1分間ライティング」といいます。

何かを「書く」ためのノート、またはＡ４のコピー用紙などを準備してください。

筆記用具は書きやすいものであれば特に限定はしませんが、鉛筆やシャープペンシルよりペンをおすすめします。

そして、実際に１分間ライティングを使った勉強をいつ行うかですが、そのタイミングは前章の３サイクル反復速習法と連動させてください。

タイミングは、３サイクル反復速習法を行った次の日です。理想は次の日の朝です。

なぜなら、記憶は寝ているあいだに整理され定着するからでしたね。脳が編集してくれたフレッシュな記憶の状態でライティングを行えば効果抜群です。

ここで、最初に心に留めておいてほしいことがあります。**この勉強法の最終目標は、トップアスリートたちのように脳の自動化を可能にすること**です。

たとえば、プロテニス界においてトップ選手ともなると、サーブは200キロ近いスピードになります。その瞬きも許されないような速さのボールを、レシーバーは打ち返すことができます。なぜそんなことができるのでしょう。

それは、練習や試合の経験の積み重ねによってレシーバーの脳がボールの速さ、コース、自分のラケットの角度などを自動的に瞬時に判断してくれるようになっているからです。

1分間ライティングの目指すところはこのレベルです。

何かについて問われたら時間をかけてやっと思い出せるのではなく、反射的に答えることができるレベルを目標においてください。

当然、そのレベルの知識はいつでも取り出せる使える知識になったということです。

さあ、勉強のトップアスリートを目指して始めてみましょう。

1 ひたすら書き続ける

前項でもお伝えしたように、1分間ライティングで書く内容は前日に行った3サイクル反復速習法の復習です。前日に読んで覚えた内容を言葉で再現できるか確認するのが目的です。

アウトプットの仕方は「単語」ではなく、ここでは「文章」で書くようにします。

最初に、前日勉強した範囲で出てきたキーワードを一つ決めます。そのキーワードは用語でもいいですし、問題の形にしてもよいでしょう。

たとえば、日本史であれば「飛鳥文化の特色は何か?」といったもので構いません。そのキーワードをスタート地点にして、関連事項をどんどん文にしていきます。

リラックスを心がけて、頭の中の情報を苦労してひねり出すというよりも、ふと浮かんできたり、連想したりしたものをきっかけにして、芋づる式にずるずると文章にしてつなげていく感覚です。

あくまで、**目的は頭の中の「見える化」**です。

人に理解してもらうわけではないので、文章をまとめる必要はありません。文のつながりがおかしくても、まったく問題ないのです。

キーワードに関連すると思えることであれば、なんでも思いついたままを書いていきます。思いつくままなので、当然書いていく項目の順番にはこだわりません。

とにかく、**肩の力を抜いて手を止めずに書き続けること**です。

慣れないうちは、頭の中のことをそのまま文にするというのは結構難しい作業です。何も浮かんでこないことも多いかもしれません。

そんなときは、キーワードのみを書き続けてください。

そのうち頭にひっかかるものが出てくれば、またそこから連想して続けていけばよいのです。

そこまでしても本当に何も浮かばないときは、「何も浮かばない。何も浮かばない。でもそのうち何か浮かんでくるはず……」などと書き続けてもらっても結構です。

大事なのは、脳の中身を引き出そうとする意識です。

その意識を持ちつつ手を動かし続けることによって、脳と手を直接つなぐ回路が形成され、最終的に脳の自動化につながるのです。

ある知識を反射的に書き出すことができれば、それは頭に入っている「使える知識」であることの証明になるのです。

2 1分間の制限時間でよけいな意識を排除する

ライティングには時間の制限を設けます。そのためにタイマーを用意してください。脳の編集したがる意識を排除するために、ライティングにかける時間は、1キーワードにつき1分間に設定します。

最初のうちは、1分間といえども少し戸惑うかもしれませんがすぐに慣れてきます。続けているうちにコツのようなものがつかめてくるので、自分の頭の中を文字にして表現することがそのうち楽しくなってくるはずです。

制限時間を1分間にする理由は、最高レベルの集中力を引き出すためでもあるのです。**脳は、時間を制限されたほうが本気になって働いてくれる**性質を持っています。

心理学では「締め切り効果」などと呼ばれています。

1分間という短い制限時間で、脳により危機感を持たせましょう。

1分間ライティングの主な目的は記憶の確認と強化ですが、この勉強法を続けていくことにより、脳の反射神経が鍛えられ頭の回転も同時に速くなっていきます。

3 ライティング終了後は課題が明確になる

1分間ライティングが終了したとします。

終了後に思い出したことがあったとしても、追加はしないでください。あくまで目的は現状の記憶レベルの確認ですので。

1分間ライティングの評価の基準として、1分間手を止めずに書き続けることができ、さらに制限時間が終了した後も書き続ける内容が残っているようであれば合格といえるでしょう。そのぐらいであれば、ライティングで選んだ学習内容はかなりのレベルで記憶できているといえます。

1分間書き続けることはできたけれど、とぎれとぎれだった場合はまだ記憶にあいまいなところがあるということです。

さらに1分間ほとんど必要なことが書けなかった人がいるかもしれませんが、頭の中の知識を思い出して、書き続けるというのは最初のうちはとても大変な作業です。

そもそも、ライティングを行ったこと自体に意味があります。

なぜかというと、ライティングの行為自体が経験の記憶となって、のちのち覚えたものを思い出しやすくする効果があるからです。

しかしながら、合格レベルのライティングができなかった場合には復習が必要です。

その復習はできればライティング直後が適しています。

復習といっても、その範囲を一度読むだけで構いません。なぜなら**1分間ライティングが終了した後は、脳が足りない部分を埋めようとしている状態になっている**からです。

脳が吸収モードになっているため、足りないところをピンポイントで補完しようとしてくれるのです。その機を逃さず復習しましょう。

そして復習後、もう一度だけその項目について集中して1分間ライティングを行ってください。1回だけでOKです。それ以上行うと勉強のリズムが崩れます。

そうしてまた次の範囲の3サイクル反復速習法に戻るようにしてください。

1分間ライティング：まとめ

1 思い出せなくても書き続ける

キーワードを決めて、
それに関連することを思いついたまま、文章にして書く

> メソポタミア文明
> ティグリスとユーフラテス川の流域にできた文明で
> 人類最古で農耕や牧畜を始めたのもこの文明。
> であとはあとは青銅器と文字、文字は何だ、
> 忘れた！ あの、あれだとんがった形のVみたいな
> あのあれはでてこないでてこくさび形文字！
> そしてエジプトとオリエント文明の仲間で…

2 1分間続ける

思い出せなくても、言語化する。
頭の中を文字にして表現することを念頭に置いて、
1分間という制限を設けて、脳に危機感を持たせる

3 わからないところがわかる

目的は現状の記憶レベルの確認です。
とぎれとぎれの場所は、記憶がまだ曖昧であることがわかる

4 すぐに、その範囲を読む

脳が足りないところをピンポイントで補完しようとします。
一度その範囲を読んだ後、もう一度だけ、
1分間ライティングをすれば、記憶が補強される

知識のネットワーク化「1分間マッピング」

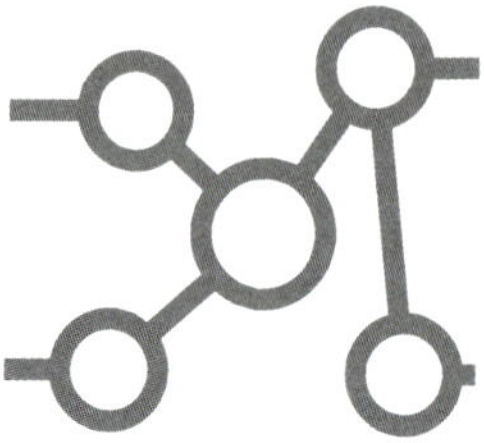

これまで紹介してきた「1分間ライティング」はいわば、一つの知識の深掘りが目的でした。しかし、ここからお伝えする「1分間マッピング」は勉強の目的が変わります。

勉強内容によっては複数の知識を関連付けて体系的に覚えておかなければならないものがありますが、今回はそんな場合の学習に適しています。

一つの項目だけに注目するのではなく、その項目と他の項目の関連性を浮き彫りにして、頭の中を整理することが今回の勉強法の目的です。

完成した形がそれぞれの事柄の相関関係を表した地図のようになることから、「1分間マッピング」と名付けました。

この方法も1分間ライティングと同様、3サイクル反復速習法を行った次の日に行うのが適しています。時間も、記憶の仕組みの観点から同じく朝が理想的です。

ここからは、実践例を挙げて説明していきます。

まずはじめに中心となるキーワードを何にするかを決めて、そこからマッピングをスタートしていきます。

今回は、中心キーワードを「動物」にしてみましょう。

項目の関連性を整理するのが目的なので、**「文章」ではなく連想する「単語」を書いていきます**。

完成した知識のネットワークは、ひと目で全体を見渡せることができるので、項目同士の関係性が一目瞭然になります。そこから体系的に理解を深めることができるのです。

用紙は、1分間ライティングと同様にノートかA4のコピー用紙を使うことにします。

ただし、1分間ライティングでは用紙の向きを縦にして使う方もいると思いますが、ここでは横にして使ってください。

用紙を横長にしたほうが思考を拡げるのに適しています。

制限時間は、今回も1分間とします。

準備ができたら、用紙の中心部に学習したいその回のメインキーワードを書き込み、それを四角で囲みます。

ここでは**「動物」と書き四角で囲みます。**

四角で囲む理由は、このキーワードが中心だというのを意識して際立たせるためです。**中心にメインのキーワードを書き込んだら、その言葉から連想するものや、関係があると思える単語を反射的に周りに書き出していきます。**

今回のメインキーワードは動物なので、ゾウ、キリン、ワシ、ヒト、ゴリラ、イルカ、ニワトリ、ヘビ、イカ……というように書いていきます。

周りに書き足した単語はメインキーワードと区別するため、四角ではなく丸で囲むようにします。

そして新しく書き足した単語をもとに、さらに連想を続けて新しい単語をどんどん追加していきます。

1 今度もなるべく手は止めない

今回は連想するキーワードを見つけていく作業のため、1分間ライティングのように手を動かし続けるのは少し難しくなると思いますが、今度もやはり制限時間の1分間はなるべく手を止めないようにしてください。

理由はこれも同様、脳に隙を与えないようにして集中力をキープするためです。

中心となるキーワードからスタートし、そこから連想する単語もしくは関連すると思われる単語を周りに書き込んでいくのですが、書く場所や順番に規則はありません。空いているスペースがあればどこでもよいのですが、**関連が強い単語同士はなるべく近くに書くとさらに連想が拡がります**。

「動物」についてのマッピングならば、たとえば形状が似ているもの同士を近くに集めるといったことです。

「ちょっとこれは関係ないかな?」と思ったとしてもそこでとどまらずに、書き出していってください。

その項目が必要かそうでないかの判断は、1分間の単語書き出しの終了後に行います。できるだけ思考を止めたくないので、内容の吟味は後になってからというのが決まりです。

2 線で結び、共通項を囲んで知識を編集する

今回も、連想する単語がどうしても浮かばないという状況が出てくるかもしれません。

そんなときは、丸い囲みだけを先に書いておくというのも一つの手です。そうして全体をもう一度見渡してみてください。**足りないところがあると、脳はその部分を埋めたがります**。その性質を使って脳の働きを促します。

1分間経ち、関連項目をすべて書き終わったら、次にそれぞれのキーワードの関連性を確認する作業に移ります。1分間マッピング中は全体の関連性は考えずに単に連想する単語を書き出す時間だったので、ここで単語同士を編集する作業が必要になるのです。

各項目を見渡して関連するキーワード同士を線で結んでみてください。

線でそれぞれをつなぎ終わったら、さらに共通項同士を線で囲んでみてください。そして、線と囲みの上にそれらがどういう関係性かを書き込んでいくとより整理が深まります。

小説やドラマに出てくる登場人物の相関図、イメージとしてはあれが参考になります。人物相関図では、「親子」「兄弟」「友人」「会社の同僚」「敵対関係」「愛人関係」など人間関係が書かれていますが、あのような感じで項目同士を結んだ線の上に関係性を書き込んでみてください。

今回の例題の動物についてのマッピングでは、関係性のところに「セキツイ動物」「哺乳類」「卵生」「肺呼吸」などが並ぶことでしょう。

3 知識の相関図を完成させる

関連のある単語同士を線でつなぎ、共通項を囲んで関連性を書き込んだ後、全体を見渡してみてください。

1分間ライティングと少し違うのは、1分間の単語書き出し時間の終了後が脳にとって重要な時間になるという点です。

ここでは、脳の自動編集機能を積極的に活用しています。マップの全体像を俯瞰することによって、脳が自動的に足りないところを補完しようとしたり、新たな関連性を見つけ出そうとしたりします。そこで、**すかさず思いついたらどんどん新たな単語や関連性を書き足していってください**。

そして書き足したら、また全体を眺め、何か思いついたり、思い出したりしたらまた書き足す、ということを繰り返します。そうして何も浮かばなくなったら、そこで終了です。

そのときには、かなり頭の中で情報が整理されているはずです。

またマッピングが完成した直後は、１分間ライティングのときと同じく脳が関連項目に関して敏感になっているので知識が吸収されやすい状態になっています。

そのタイミングを逃さず、そのマップの学習範囲を一度読んで復習します。

そうすることでより深い知識となり、脳に刻まれることになるのです。

1分間マッピング：まとめ

1 メインのキーワードを決める

核となるキーワードを決め、
真ん中に書いたら、四角で囲む

2 1分間、連想する言葉を書く

キーワードの周りに、
連想する言葉を書いていく。
単語は丸囲みをする

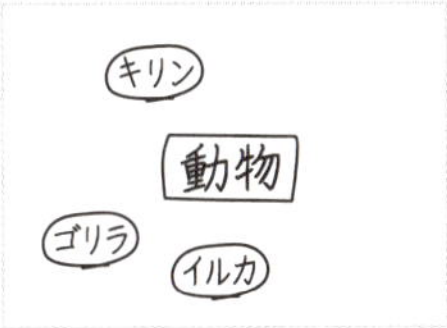

3 言葉と言葉を線でつなぐ

思い出せない場合は、
丸囲みだけ書いておいて、
ジャンルわけをするように
線でつなぎ、共通項を囲み、
関係性をもたせる

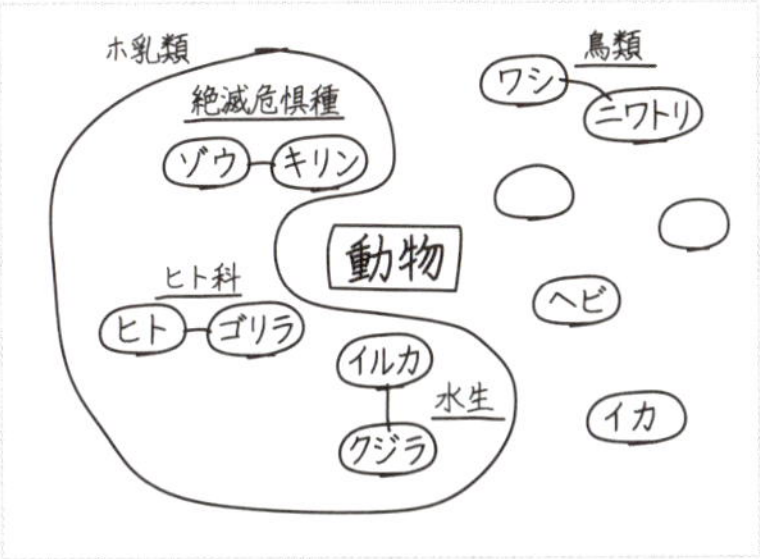

4 知識の相関図の完成

関連性を書きこんだら、全体を見て、
足りないところをどんどん足していく。
補完する作業によって、頭の中が整理されていく

第4章

どんな人でも長時間やる気が継続する方法

世界グランドマスターを獲得したメンタル管理術

私は昔から少し心配性なところがありまして、普段から「何かよくないことが起こるんじゃないか」などと考えがちなタイプでした。

電話がかかってきても、反射的に「悪い知らせではないか」と思ったりして、電話に出ることもあまり好きではありませんでした。

基本的にそういう性格ですから、40代に入ってから始めた記憶競技でも「自分の現状を打破するためのチャレンジ」という意気込みで始めたにもかかわらず、まだ一度も参加していないうちから、「箸にも棒にもかからない結果だったらどうしよう」なんて考える始末でした。もし成績がよくなかったら格好が悪いので、やはり大会への挑戦はやめておくか、なんて考えるときも多々ありました。

これではいけないと思い、なぜそういう思考に陥るのか自分の心理を冷静に分析してみると、そこには無意識の中に隠れていたある意識があったのです。

表面上は「今の自分の置かれている状況には満足できない。一段上のステージに上がりたい」などと言っておきながら、潜在意識は、現在の環境を心地がよい場所と認識していたのです。

無意識のうちに、自分でその安全で安心な場所から抜け出すのを拒んでいたのです。

どうしたら、意識を変えることができるのかをいろいろ考えました。

そして、「何かよくないことが起こったらどうしよう」と考えるのは、自分の意識の位置を高いところに置いているからだということに気づいたのです。

つまり、普段の生活において、「何もマイナスなことが起こらないのが当然」という意識で一段高い位置から物事を見ていたために、そこより下で起こることはすべてよくないことと感じてしまっていたのです。

それからは、**「はじめからよくない状態が普通の状態と思うようにしよう」と意識を切り替えることにしました。**

長い人生の中ではいいときばかりではないのが当然なのに、いいところばかりを集中して見ようとします。意識をその位置において生活していると、ほんの少しマイナスな要素にさえ動揺してしまうのです。

そのため、**普段から意識を自身が考える一番低いところに置き、よくない状態が通常と考えておくと、それから起こることはすべて今より「まし」な出来事に変えることができる**と考えたのです。

あるとき、たまたま観たテレビで、成功している有名なスポーツ選手のインタビューが放送されていたのですが、その選手が話していた内容も同じようなことでした。

インタビューでその選手が言っていた内容は、

「人生は山あり谷ありだと思っていて、その谷はどんなに深くても構わない。なぜなら人が体験したことのないぐらいの谷を経験した人間だけが誰も登ったことのない高さの山に登れるという哲学を持っているから。苦しみに出合うことはすごくラッキーなことで、これに正面衝突していかないと大きな栄光は手にできない」

というものでした。この選手も、マイナス要素を成功の前提条件としていました。

そして私は、自分から積極的に面倒くさいこと、苦しいこと、つらいことを探して優先して取り掛かるようにしたのです。

おかしな人と思わないでほしいのですが、何か行動するときには頭の中で、「つらさを望む、苦しさを望む」と繰り返していました。

つらさ、苦しさを望む、といってもそんなに大げさなものではありません。謝りの電話をかけるのは誰にとっても嫌なことですが、これも「つらさを望む、苦しさを望む」を意識してすぐに電話をかけるようにしました。

また、日課にしている運動でも、「面倒くさいから今日ぐらいいいか」という思いが浮かんできたら、「つらさを望む、苦しさを望む」を思い出して重い腰を上げたり、部屋が散らかってきたら先延ばしにせずすぐに掃除をしたりと、そういう小さい行動を続けているうちに、徐々に意識が変化していったのでした。

そのおかげで新しいことへの挑戦にも一歩を踏み出すことができ、その結果、記憶力日本一、さらに日本人初の記憶力の世界グランドマスターになることができたのです。

試験などの目標に向かって行う日々の勉強も、誰にとってもあまり楽しいものではありません。どちらかというと苦しい部類に入るかと思います。スランプのときなどはサボりたくなる気持ちもよくわかります。

そんなときでも、「つらいのは当たり前。この苦しみを乗り越えた先に喜びがある。つらさを望む、苦しさを望む」という意識が気持ちの根底にあれば、目標に向かって挫折することなく勉強も続けていくことができるのではないでしょうか。

紙に書くと脳が動く

さまざまな分野で成功している人たちが、子どもの頃に自分の将来像を紙に書いて宣言していたという話を最近よく聞きます。

本当に書いてある内容どおりに実現していたりするので驚かされます。

「目標は紙に書くといいらしい」というのは昔からよく聞く話ですが、まさに彼らもそれを子どもの頃から実行していたというわけです。

そういう私も世界記憶力選手権で日本人初の記憶力のグランドマスターを目指したときは、紙に「必ず日本人初の記憶力のグランドマスターを獲得する！」と書いて壁に貼り毎日眺めていたものでした。

なぜ、**紙に書くことによって目標を達成する可能性が高くなる**のでしょうか。私なりにその理由を想像してみました。

脳は一日のあいだに、ものすごいスピードで次から次へと思考を続けています。今こう思っていても次の瞬間には違うことを考えたりしています。

瞑想の経験がある人ならば、この感覚はよくわかるはずです。

瞑想中は雑念をなくしたいものですが、意に反して頭の中には次から次に新たな思考が入り込んできて、よくもまあこんなに出てくるものだと逆に感心するほどです。

そんなわけですから、ひっきりなしに新しいことを考えて働き回っている脳に向けて伝えたい自分の意志があったとしても理解してもらうのは難しいのです。

「こうなればいいなあ」と、なんとなく考えるだけでは、その思いはたくさんの思考の中にまぎれてしまい、脳はそれをあまり重要だと感じてくれません。

そこで、**全速力で走っている脳を立ち止まらせて「こうなりたい！」という意志をしっかり理解させる必要がある**のです。

一度納得すると、脳はその目的のために一生懸命働いてくれる律儀な性格も併せ持っています。

脳の特徴の一つに「カラーバス効果」というものがあります。

たとえば家を出るときに、「今日は赤い色のものを意識して探してみよう」と脳に言い聞かせるとします。

すると、「今まで本当にこんなにあったのか」と思うぐらい赤い色のものが目に入ってきます。しかも、ものすごいスピードで見つけ出すことができます。

試しに今、目を閉じて何か一つの色を探すと決めてから目を開けて周囲を見渡してみてください。すぐに、その色をした何かが目に飛び込んでくるはずです。

脳というのは納得して命令を受け取ると、まるで熱線追尾式のミサイルのごとくその対象を探し始めるので、**探す対象をあなたが目指している目標に設定すれば、脳は自動的にその目標に向かって進み始める**のです。

そして、**自分の目標を脳にわかりやすく理解させることができる有効な手段が「紙に書く」ということ**なのです。

紙に書く目標は、ある人にとっては「○○大学に絶対合格する！」や「TOEIC目標900点！」など、試験に合格することであったり、点数であったりするでしょう。

そこで、目標実現の精度を高めるためにしたほうがいいことがあります。

それは**最終目標のみを紙に書くのではなく、ゴールを達成するまでのあいだに必ずクリアしなければならない小さな目標をできるだけたくさん書いておくこと**です。

「ひと月に100個ずつ英単語を覚える」とか「問題集を毎日必ず3ページ進める」といったような目標です。

最終目標は、そこまでの距離が遠いので、脳の熱線追尾ミサイルがはっきりとその標的をとらえるのが難しいのです。

それに対して小さな目標は達成までの距離が短いので、それぞれの標的に対してミサイルの精度が高くなります。小さな目標を的確にクリアしていくたびに、最終目標に近づいていくことになるのです。

書いた紙は毎日見るようにします。そして、小さな目標の達成度もチェックするようにしてください。標的に向けて照準をキープし続けるためです。

他にも必ず行ってほしいことがあります。

定期的に内容を更新していくことです。なぜなら、勉強を進めていくうちに小さな目標が変わっていくはずだからです。

最終目標自体も、もっと上のレベルに変わるようなことだってありえます。途中でゴールを見失わないためにも、脳に命令する内容をこまめに変更して微調整をする必要があるのです。

そして欲をいえば、目標を達成した後、自分はどうなっているのか、またはどうなっていきたいかまで想像で書くようにすれば、そのイメージが心を浮き立たせ、必ずそうなりたいという気持ちをさらに強くさせます。

脳を目的のために一生懸命働かせる

1 大きな目標を書く

2 それを達成するための小さな目標をたくさん書く

私の目標！

「TOEIC目標900点！」

ひと月に100個ずつ英単語を覚える

問題集を毎日必ず３ページ進める

毎日必ず30分復唱トレーニングをする

・
・
・
・
・

3 定期的に小さな目標を中心に更新する

自分の目標を脳にわかりやすく理解させるには、
紙に書くことがもっとも有効な手段である。

心の中で映画を観ると
イメージが現実化する

多くの著名人が目標達成や成功に向けて行っている共通の方法があります。

それがどれくらい強力なのかは、過去に出版された多くの成功法則本の中にも連綿と書き続けられてきたことからもわかります。

その方法とは、本書にも頻繁に登場する**「イメージの力」を利用する**ものです。

ここでいう「イメージ」も、頭の中に浮かべる映像のことを指します。**イメージの力を借りることによって、成功の可能性が高まる**のです。

人は毎日いろいろな行動をとりますが、皆さんはそのすべてが意識して「こうしよう」と決めてからとっているものだと思っていませんか。

確かに「あれをしよう」「これをしなければ」と考えてから行動する場合もありますが、

それはほんの一部にすぎません。

人の行動を決定する要素の、じつに9割は無意識からの影響によるものといわれています。

朝起きてから学校や会社に行くまでの行動は、深く考えてとっているわけではありませんよね。自動車の運転やお風呂で体を洗うときなども同様でしょう。

普段の何気ない行動は、気づかないうちに潜在意識によって動かされているものです。となれば、この潜在意識に自分の目標を植え付けることさえできれば普段の行動が勝手に目標達成を目指したものになるはずです。

潜在意識の入り口はやはり脳ですので、脳に入り口のドアを開けてもらわなければなりません。そのためには脳が理解しやすいように自分の目標を伝える必要があります。

脳の立場を話の聞き手に置き換えてみると、わかりやすいかもしれません。

ある人がとても大事な話を相手に伝えようとしたとします。

その人は自分ではわかりやすく話したつもりでしたが、相手からは何を言っているのかわからないと言われてしまいました。

それに対し、別の人が同じ話を同じ相手にしたところ、今度はとてもわかりやすかったと言われたとします。

この差は何だったのでしょうか。

わかりやすかった人の話し方は、聞き手がその話を聞いているうちに、頭の中にその映像が自然に浮かんでくるようなものだったのです。

映像とはイメージです。

イメージはわかりやすいのです。しかも相手の印象にも強く残ります。

ところで脳はとても優秀な反面、少しあいまいな一面を同時に持っている組織でもあるのです。

それはどんなところかというと、どうやら脳は現実とイメージの区別があまりうまくできないようなのです。

つまり、**「実際に現実に存在する何かを見ること」と「頭の中で作り上げたイメージを見ること」は脳にとっては同じこと**なのです。

これはじつに好都合じゃありませんか。

脳は、頭の中で想像したイメージを本物と思ってくれるということです。そうなると、前に紹介した記憶の仕組みを利用することができます。

何度も繰り返し、そのイメージを復習することによって、強く記憶に焼き付けることができるということです。

実際にはまだ実現していないけれど、頭の中で作り上げたイメージの経験が、「未来の記憶」を作り出してくれるというわけです。そしてその内容が潜在意識の中に刷り込まれることによって、日々の行動が目標達成に向けて自動操縦されるようになるのです。

イメージを浮かべることは難しくありません。夜ふとんに入ってから眠る前に、目標を達成して喜んでいる自分、祝福してくれている家族や友人の姿、また達成した後の新たな環境、そのようなイメージを頭の中に想像してみてください。

最初はもしかするとぼんやりした状態かもしれませんが、繰り返していくうちにはっきりと映像を浮かべることができるようになります。

ましてや目標が達成したり、成功したりするイメージです。ワクワクすると思いませんか？

そのワクワク感が脳にも伝わり、より強くそのイメージが刻まれることになるのです。

毎晩、「自分の未来」の映画を観て脳を喜ばせてから幸せな眠りにつきましょう。

勉強の成果を目に見える形で残す

いきなりですが、エジプトに存在するあの巨大なピラミッドはどのように作られたか知っていますか?

途方もない労力が必要だったことだけは、なんとなく理解できるでしょう。

このピラミッドの建造工事の進め方が、目標達成のために必要な勉強の進め方の参考になるのです。

ピラミッドは、その巨大さゆえ、現代の技術をもってしても、ギザの3大ピラミッドなどは完成までにかなりの期間を要するようです。

ひと昔前、ピラミッドの工事には、奴隷が集められ強制的に労働を強いられたというのが定説になっていましたが、今では別の見方が出てきています。

力による支配だけでは、あれだけの建造物を完成させられるとは思えません。労働者にも何らかのモチベーションがあったことが予想できます。

実際、工事にあたったのは奴隷ではなく庶民で、各地から集められた農民が中心だったそうです。

それらの働き手が、最初から完成まで継続して働き続けたのでしょうか?

そうではなく、工事は交代制だったといわれています。

これは、労働に対するモチベーションのことを考えるとじつにうまい方法だと思います。

ピラミッドは想像を絶する建築物です。完成の時期など、労働者にとってはまったく想像することすらできなかったと思います。そんなゴールが見えない状況で同じ作業を繰り返していけば、働く気持ちも途中で折れてしまうかもしれません。

ところが工事は交代制だったために、自分たちに与えられた工期が終われば、そこで一旦終了となります。もちろん給料も出たそうです。

工期中に自分たちの積み上げた石を見上げて達成感に浸り、もしかすると現代人と同じように祝杯などあげたかもしれません。

そしてしばらくして、また自分たちの番がきたら、担当する工期のゴールを目指してフレッシュな気持ちで働くことができたというわけです。


このピラミッド完成の方法は、私たちの勉強にも利用することができます。


先ほどのピラミッド労働者の中で、働くモチベーションの種類はいくつかあったと思いますが、私はその中でも大きな部分を占めたものが結果として自分たちの積み上げた石を実際に見られたことだと考えます。

確かに給料なども理由の一つではあったと思いますが、なにせあの壮大な建築物ですから自分たちの積み上げた石がその一部になっているのを見ることで得られる感動には遠く及ばなかったでしょう。

普段の勉強ではどのぐらいの成果が上がったのか、なかなか実感がわかないものです。

そこで、日々の勉強の成果をピラミッドの積石のごとく目に見えるものにするというわけです。つまり**勉強の成果を視覚化する**のです。

視覚化、と言葉にすると難しそうですが、意識せずにすでにやっていることの中にも勉強の視覚化はあります。たとえば英単語帳。一つの単語の暗記が終わったら、その都度となりに「正」の字になるように線を引いている人は結構います。

あれも視覚化の一つです。とにかく「正」の字を完成させたいという思いが、復習のモチベーションにもつながっているのでしょう。

その他にも用紙のマス目で区切った表を作り、小さな目標の達成ごとにそのマス目を塗りつぶしていくというやり方もよい方法です。

このとき、マス目の大きさはなるべく大きくするのがおすすめです。一枚につきマス目の数が少ないとすぐにマス目が塗り終わるため、勉強の集中力の持続にもつながります。

また、そうすると自ずと、塗り終わった表が何枚にもなるのでたくさんの用紙が積み重なることになり、大きな達成感を得ることができます。

完了したその表は、いつも勉強しているそばに積み上げていくことにします。自分の勉強の成果がすぐに目につくところにあることによって、常に達成感を感じながら勉強することができるからです。

また、成果を目に見える形で残すという意味では終了したノートやプリントなども積み上げて見えるようにすることも同様におすすめします。

マス目を埋めたり、教材を積み上げたりすることがゲーム感覚ぐらいになるとしめたものです。

そうして徐々に、自分自身の勉強のピラミッドを完成に近づけていくというわけです。

あせらないためにプラトーの仕組みを知る

何事においても、技術を上達させるにはやはり多くの練習が必要です。

しかし、長く一つの目標に対して努力を続けてきた人ならわかると思いますが、技術というものは、練習や訓練の量に伴って「直線的」に上達していくわけではありません。

必ず途中に何度か停滞する時期があります。

そこを乗り越えて初めて上のレベルへと到達することができるのです。

これには例外はなく、誰でも同じ道をたどることになります。

この上達の仕方をグラフにすると次のような形をとります。

はじめのうちは、技術も基本的な内容で比較的簡単なので急激に上達していきます。

この時期は、練習や訓練も楽しく感じられるかもしれません。

ところが初心者の段階を卒業し、ある程度の時間が過ぎてくると上達度を表す線は徐々になだらかになってきます。

なぜならレベルアップするためには、習得しなければならない、それまで以上に難しい知識や技術が徐々に増えていくからです。

このように何かが上達していくときには、必ず階段状の上がり方になります。

習う種目の難易度や個人の能力差によって、グラフの幅や角度は一定ではありませんが基本的な形状は誰でも共通です。

よく見ると途中で階段の踊り場のように平らになっている部分がありますが、この平らな部分のことをプラトー（学習高原）と呼びます。

この時期はどんなに練習を重ねても、本人にとっては技術が少しも伸びていかないためとてもつらい時期なのです。

この上達曲線の考え方は、当然勉強にも当てはめることができます。つまり、勉強時間に対する成績の上がり方とも見て取れるのです。

この上達曲線のことを知っているか知っていないかでは、勉強を続けていくうえで結果にとても大きな違いを生むことになります。

天才でも結果が出ない期間がある

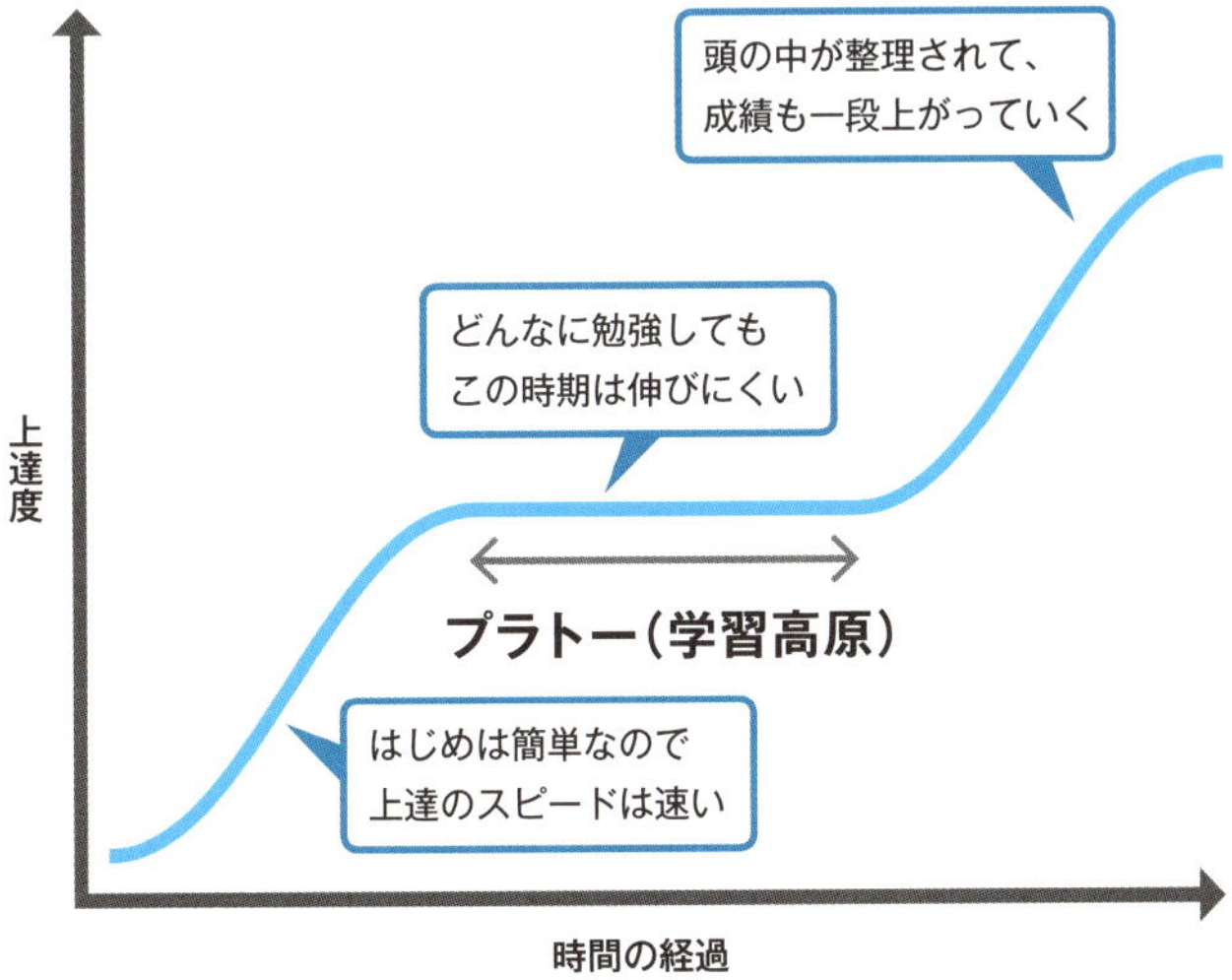

知識は頭には入っているが、
それをすぐに取り出すことができない時期がある。
脳は知識を整理して使える形に作り変える作業を行っているだけ。

上達曲線の仕組みを知らないと、目標に向かって的はずれな努力をしてしまう可能性だってありえるのです。

勉強において、プラトーの期間は、知識は頭には入っているのだけれど、それをすぐに取り出すことができない、またはうまくその知識を使いこなせない時期にあたります。知識の扱いがぎこちないため、成果が出にくいのです。

本人としては停滞しているように感じてしまいますが、この時期は脳にとって非常に重要な期間です。

この**プラトーの期間中、脳は知識を整理して使える形に作り変える作業を行っています**。この**知識の熟成期間を経ることで、頭の中の知識は使える知識として整理された形になる**のです。まるできちんと整理された本棚のように、必要なものもすぐに探すことができます。

応用が利き、思考速度も速くなるため成績も一段上げることができるのです。

怖いのはプラトーに対する無知により、そこであきらめてしまうことです。

プラトーが来たらあせることなく、反対に、「プラトーがきたぞ！　この後、必ず成績が上がる前兆だ！」と喜んでこの時期を乗り越えてください。

人生最後の日を想定して自分の尻を叩く

ポジティブシンキングという言葉があります。物事を前向きにとらえることによって、よい方向に進んでいくことができるという考え方です。

もちろん私もこの考え方には同意します。

ですが、時として何事もポジティブにとらえる意識が勉強に関しては逆効果に働くことがあるので注意が必要です。

「コップ半分の水」の話は、ポジティブシンキングを説明するときに、よく例に出されるので聞いたことがある人もいると思います。

仮にあなたが灼熱の砂漠で迷ってしまったとします。

歩き回ったので喉がカラカラです。そんな状況でコップにちょうど半分の水があったとしたら、あなたは「もう半分しかない」と思いますか、それとも「まだ半分もある」

と思いますか、という話です。

「まだ半分もある」と思うポジティブシンキングのほうが、はるかに生き残る確率が高いのだそうです。

確かにそのとおりだとは思いますが、この考え方が勉強においては危険な判断につながる可能性があるのです。

たとえば、目指している試験があるとします。

徐々に本番の日が迫ってきます。あと2年、あと1年と試験が近づいてきます。そして1年を切りました。

やがて、あと半年と迫ったときに、あなたなら「まだ半年もある」と思いますか、それとも「もう半年しかない」と思いますか?

ここでコップの水の例のように「まだ半年もある」と考えてしまうと、非常に危険なのです。「まだ半年もある」と思えるのは、言い換えると現状に満足しているということです。

現状に満足しているということは、潜在意識の中に、高いレベルに進むことを拒否する気持ちを植え付けることになるのです。そして、それは現状維持どころかレベルの低下を招く恐れもあるのです。

ポジティブシンキング自体を否定しているわけではありませんので、誤解しないでくださいね。ポジティブにイメージすることは脳を目標達成に向けて働かせるためのとても有効な手段であり、本書でもそれを利用する方法を紹介しているほどです。

ただ**勉強においてやる気を継続させるためには、ポジティブな考えと同時にある程度の「危機感」も必要になります**。

私自身の自戒も込めて言うのですが、人というものはできることならラクをしようとしたり、やるべきことを先延ばしにしたりしがちな生き物です。自らの尻を叩くような姿勢はなかなかとれないものです。

ここでは、危機感をもって勉強に集中するための究極のイメージ法をお伝えしようと思います。その名も、「人生最後の日」イメージ法です。

人生の究極の目的は、満足がいく一生を過ごすことだと思います。

もし、のんびりとこのまま過ごしていったら将来悔いが残る惨めな人生になるというのが現時点でわかったとしたら、かなりの危機感を覚えるのではないでしょうか。

しかしながら、現実には満足がいく人生だったかどうか判定できるのは、死ぬ間際の自分自身だけです。

そこで思いついたのが、将来の死ぬ直前の自分をイメージするという方法です。

タイムマシンを使って会いに行った死ぬ間際の自分なら、どんな人生だったかをすべて知っているはずです。

その想像上の将来の自分に、イメージの中でこう言わせるのです。

「今、その瞬間を無駄にして本当にいいのか！」

これ以上に、説得力をもって危機感をあおるものはあるでしょうか。

試験に向けた勉強などは一生のうちで考えると、単なる一つの通過点にすぎませんが、その通過点である合格という目標を達成することが満足のいく人生にするための要素でもあると考えることができます。

つい怠け心が出てきて、やるべきことを後回しにしようとしたり、まだまだ時間はたっぷりあるから大丈夫などと気がゆるんだりしたときには、将来の自分に叫ばせてください。

若いうちはあまり考えることはないと思いますが、人生は結構短いものです。

「ああ、あれをしておけばよかった。あのときもう少しがんばればよかった」という後悔はできればしたくありません。

もちろん人生いつからでも再出発できますし、何歳からでもいろいろなことにトライすることができます。

それは後になって考えればいい話です。今は、目の前にあることに集中して一生懸命取り組むようにしたいものです。

時には神頼みも必要である

私には日課がいくつかありますが、その中の一つにジョギングがあります。これは記憶競技に関わるようになってから始めました。

ほぼ毎日、近所のコースをゆっくり走っています。

日課としてのジョギングを始めた頃、そのコースの途中に小さな鎮守の神社を見つけました。以来、ジョギングに出たときには毎回必ず寄るようにしています。

神社なので何かお願い事をしていると思われるかもしれませんが、私がお参りしている主な目的は別のところにあるのです。

その目的は追ってお話しすることにします。

話は変わりますが、私の記憶競技の練習はとても孤独な作業です。

ひとりがゆえに、練習のペースをキープするのはとても大変です。

学校の授業は違うと言われるかもしれませんが、勉強はトータルで見ると授業の時間よりもひとりで勉強しなければならない時間のほうが圧倒的に長いのです。

したがって、受験なども、このひとりの勉強における効率をいかに上げられるかが合格を左右する大きなポイントになってくるのです。

勉強も、ひとりで続けるというのはなかなか大変です。

日々コンスタントに勉強を継続していくには怠け心や、折れそうになる心を抑えて自分自身を管理していく必要があるからです。

なかにはそれが容易にできる心の強い人もいるでしょうが、途中でくじけそうになったり自分に甘くなったりしがちな人は私も含め多いのではないでしょうか。

そこでいろいろ考えた結果、ついに私は究極の見張り役を見つけることができました。

お願いすればすぐに見張り役になってくれて、その人の言うことなら素直に聞くことができる存在がいることに気がついたのです。

見張り役といったら当然人間を想像すると思いますが、それでは生ぬるい。もっと強烈な影響力を持つ存在がほしいのです。

その究極の存在が「神様」です。

神様といったって、特定の神を指しているわけではなく、自分で勝手にイメージした万能の存在のことをここでは言っています。

なにせ私自身、どこの系統かもわからない神社でお願いしているぐらいですから。

私は神社に願掛けに行っているわけではなく、神様に自分を監視してもらう個人契約のお願いに行っているのです。


「どうか私が◯◯を途中で挫折しないで続けられるように見張っていてください」


そして、その契約を交わした後は毎回現状を報告に行っているのです。相手は神様なので、すべてお見通しです。うそはつけません。

この契約はかなり強力ですよ。なにせ見張っている相手は神様ですから。

この契約を途中で放棄するなんて恐ろしくて私にはできません。

第5章

本番で結果を出すための超集中法

タイマーでスピード倍増。脳が集中力を高める

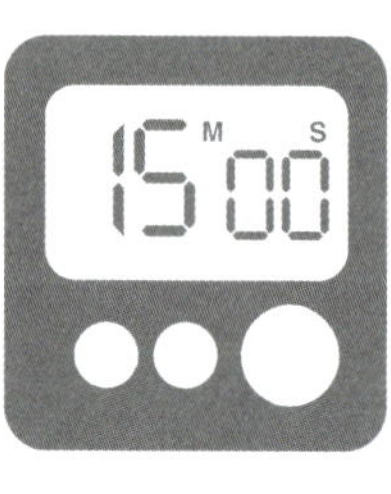

「速読」をご存じですか？

本を速く読むためのテクニックで、さまざまな方法が世の中にはあるようです。

それこそ物理的に目を速く動かして文字を追うものや、文章を音声化しないで見るように読み進めるもの、はたまた潜在意識などを利用するものなど。

その他にもまだまだあるようですが、そのようなテクニカルな方法をとらなくても、簡単に速読ができる方法があります。

それは、**「締め切りの時間を設定して本を読む」**ことです。

大多数の人は本を読むときに、読むスピードまで意識していません。

「合間のこの1時間を読書に使おう」というように空き時間に読書を組み込むことはあっても、「この章は5分以内で読もう」「この1冊を30分で読み終えよう」など、読み切る時間まで意識して読んでいる人は少ないのではないでしょうか。

第3章の「1分間ライティング」のところでも説明しましたが、脳は締め切りに迫られると、処理速度が向上するという特徴を潜在的に持っています。**時間に制限がかかることにより、脳が通常より集中力を高める**からです。

その仕組みを使って本も早く読むことができるのです。

この効果を勉強にも利用することができます。

勉強での締め切り時間の設定は、「〇分ぐらい」といったあいまいなものではいけません。

なぜなら脳に与えるべき緊張感が足りないからです。脳に切迫感が伝わって初めて、脳は「よし、ここは私が働いてやらねば!」となるのです。

その緊張感を生み出すために使いたいのが「タイマー」です。キッチンなどで使う、時間が来ると「ピピピッ」と鳴るあのタイマーです。

セットした時間の感覚を頭の中でイメージしてから、スタートボタンを押す。こうして勉強を開始することによって、無意識のうちに脳が時間内でその課題を終わらせるべく集中して働いてくれるのです。

では実際、勉強のときにタイマーを使うとするなら、どれくらいの時間設定にすればよいでしょうか。

人間の集中力の持続時間を現実的な勉強時間に当てはめて考えると、15分という時間が適しています。つまり15分を1単位とするのです。

ただし個人差があるので、最初は15分からスタートし、その後、自分に最適な時間に調整していけばいいと思います。

そして、この1単位である15分の学習が終了したら休憩をとります。次の15分間の集中のためにも必ず休憩は必要です。

休憩時間には5分が適しています。もちろん勉強時間と同じように微調整は可能です。休憩時間にも、忘れずにタイマーをセットします。気づかずに休憩時間が過ぎていたというのを防ぐためです。

休息の時間にはできるだけ脳を休ませるため、別の作業はなるべくしないようにしてください。トイレに行ったり、水を飲んだりする時間に充てるといいでしょう。

あくまでも、このタイマーを使った勉強法は15分の集中時間と5分の休憩時間をセットにして進めることに意味があります。

この**15分＋5分というサイクルで進むことによって、同じ1時間の勉強をするにしてもはるかに高い集中力とそれに伴う効率を生み出すことができる**のです。

脳も喜ぶ1杯の「水」

世界記憶力選手権の種目には、制限時間が解答時間まで含めると3時間にもわたるものがあります。その3時間のあいだ、脳をフル稼働させなければなりません。競技の最中の水分補給が許されているのですが、私も含めほとんどの選手の飲み物が決まっています。

それは「水」です。

私が水を選択しているのは自分自身の経験則からきているのですが、科学的にも脳に対する水分補給の研究があります。

それによると、80%が水分でできている脳にとってわずかな水分バランスの変化でも知的パフォーマンスのレベルにかなり影響を与えるのだそうです。

一方で、水だけで知的パフォーマンスが向上するなら糖分が入った飲み物ならさらに効果が高いのでは、と考えるかもしれません。

確かにブドウ糖は脳の栄養です。当然、補給すると脳のパフォーマンスも高まります。しかし勉強の最中など、脳の活動が活発のときにはなるべく控えたほうがよいと私は考えます。

糖質自体を否定しているわけではなく、問題にしているのは糖質を摂ったときの血糖値の上がり方なのです。

甘い飲み物に含まれている糖質は血糖値を急上昇させます。急上昇した血糖値は急降下するように体はできています。

血糖値が急降下すれば集中力は低下し、思考力にも影響を及ぼすのです。

ブドウ糖はやはり、食事から摂るのが基本と考えたほうが賢明のようです。

それでは、お茶やコーヒーなどのカフェイン飲料はどうなのでしょうか。

近年の研究により、カフェインに脳の機能をアップさせる効果があることがわかってきました。集中力や注意力を高め、記憶力がアップする効果もあるようです。

ただしそれは摂りすぎなければ、という条件付きです。

一日のカフェイン摂取には適量があり、その量を超えると今度はメリットよりもデメリットのほうが大きくなってしまうのです。

過剰なカフェインは不安感の増大や短期記憶の低下をもたらし、また脳の疲労を引き起こす原因にもなるようです。

以上のことを考慮すると、勉強中に関しては水やノンカフェインのお茶などで水分補給をし、カフェインの入った飲み物は勉強前に飲むほうが無難のようです。勉強中の食べ物に関しても、飲み物と同様の考え方が適用できます。

もし、勉強中に血糖値が下がりすぎると集中力は低下します。そこで適度にブドウ糖を補給したいのですが、食べ物の中には血糖値が上がりやすいもの、上がりにくいものが存在します。

ならば血糖値が上がりにくい、つまり徐々に上がっていく食べ物を探せばよいのです。

それがアーモンドやクルミ、カシューナッツなどのいわゆるナッツ類です。

ナッツは糖に変化する物質、炭水化物の量が少なく、タンパク質が多く含まれています。また、**ナッツに多く含まれている不飽和脂肪酸は脳が元気に働くための重要な栄養**

素です。

私も実際、記憶競技の大会には毎回ナッツを持参していました。

一度にたくさん食べるのではなく、小腹がすいたと感じたときに少しずつ食べるようにして血糖値の調整をしていました。

皆さんにも**勉強時間中の水分補給には「水」、空腹時には「ナッツ」がおすすめです**。

イチローから学ぶ「3点フォーカス集中法」

勉強が好きな人であれば勉強すること自体が楽しいため、すぐに集中モードに入ることができるのかもしれませんが、そんな人ばかりではありません。

「すぐ集中する」ことに苦労している人は案外多いのではないでしょうか。

やはり、それはメンタルの影響が大きいのです。

メジャーリーグで活躍しているイチロー選手が打席で見せる集中力は群を抜いています。

出番を待っているネクストバッターズサークルからバッターボックスに入りピッチャーの投球を待つまでの一連の動作は、特徴的なのでその姿は印象に残ります。

センター方向に向けてバットを立てるポーズは、イチロー選手独特で、毎回同じ動きです。あの一連の動きの最後に行う動作が何かわかりますか？

それは、バットの先端を目を細めてじっと見つめるという動作です。

「目は口ほどに物を言う」と言われるほど、目と気持ちは密接につながっています。人は、気持ちが揺らいでいるときには目の焦点を合わせるのが難しいのです。

そこで、イチロー選手は強制的に目の焦点を一点に合わせることによって雑念を排除して集中モードに入っているのです。

目の焦点を固定するという方法は、イチロー選手に限らず他のスポーツ選手にも取り入れられているのです。

手前味噌ですが、私自身もこの方法を取り入れてから大会での成績が一段とよくなりました。今回はその方法を紹介したいと思います。名付けて「3点フォーカス集中法」です。

やり方は簡単です。メモ帳でもノートでもなんでも構いません。なんなら自分の手でも構わないのですが、そこに**ペンで点を3つ打つだけ**です。

ある程度の間隔で、結ぶと上が頂点の三角形になるような位置に打ってください。そして頂点から時計回りで3つの点に目の焦点を合わせていくのですが、より効果を上げるためにに、呼吸もタイミングを合わせて行うことにします。

このときの呼吸は鼻呼吸で、しかも腹式呼吸にしてください。腹式呼吸とは息を吸いながらお腹を膨らませ、息を吐くときにお腹をへこませる呼吸のことです。

腹式呼吸には自律神経を調整し、気持ちを落ち着かせる効果があります。

最初の点に焦点を合わせて頭の中でゆっくり3つ数えながら息を吸い、2つ目の点では焦点を合わせて同じく3つ数えているあいだ、今度は息を止め、最後の点に焦点を合わせて、ゆっくり3つ数えながら息を吐く。

これを数回繰り返すことによって、徐々に集中力が高まっていきます。

この方法は勉強にはもちろんですが、仕事のプレゼンの前などさまざまなシチュエーションで使えます。

フローへ導く脳の準備運動

勉強時間は限られています。時間を効率的に使うためにも、脳には最初からよいコンディションでいてほしいものです。

しかしながら、なんとなく頭が働いていないな、頭の回転が鈍いな、と感じることがあるのも事実です。

そんなときに脳のコンディションを上げるよい方法を紹介します。

脳も、自動車のようにいきなりトップギアでは走れません。低いギアから徐々に上のギアに上げていく必要があります。

それを考えるうえで重要な心理用語に**「フロー」**というものがあります。

これは心理学者のミハイ・チクセントミハイが提唱した用語で、他のことは何も考えずに目の前のことに集中し、高いパフォーマンスが発揮できる心理状態をいいます。

勉強においても、この「フロー」の感覚に近づくことができるような準備運動ができたら最高です。

チクセントミハイは『フロー体験　喜びの現象学』（世界思想社）の中で、フロー状態は「退屈と不安の境界、その人の挑戦水準が能力水準とうまく釣り合っている時に現れる」と書いています。つまり本人にとって難しすぎず、易しすぎもしないものに取り込むのが条件ということです。

しかし、私はそこにさらに「面白くなりすぎないもの」という条件を加えています。楽しくなって夢中になりすぎてしまったら本末転倒です。あくまで目的は勉強のための準備運動です。脳が働いてきたなと感じたら、途中でも勉強に移ってしまってよいのです。

これらの条件を満たす脳の準備運動を二つ紹介します。

まず一つ目は**「百マス計算」**です。

一時期注目されたことがあるので、ご存じの方も多いかと思います。

上の数字と左の数字をそれぞれ下と右に移動してきて交わる場所に、足し算であればそれぞれの数字の合計を記入していくというものです。引き算、かけ算、わり算も同様です。数字のケタを増やせば難易度も調整できます。

また、タイマーで完成時間を計測しながら行ったりすれば、さらに集中度が増す効果も加えることができます。

この百マス計算は商品として販売されてもいるようですが、表計算ソフトなどを使えば簡単に作成できるので自作で準備するのがおすすめです。

二つ目のおすすめの方法は**「英語でかけ算九九」**です。

かけ算九九は誰でも知っているので、このままでは簡単すぎてしまいます。

そこで、かけ算九九を日本語ではなく英語で読み上げるのです。

英語といっても1から81までの数字です。

あとは英語での九九の言い回しさえ覚えてしまえばよいだけです。

×はタイムズ。＝はイズです。

これを9×9＝81（ナイン　タイムズ　ナイン　イズ　エイティワン）まで読み上げていくのです。

試しに今少しやってみてください。どうです、日本語のかけ算九九ほどすんなりとはいかず、ほどよい難易度ではありませんか。

これも最後までのタイムを計測したりすれば、より集中度も向上するでしょう。

今回二つの方法を紹介しましたが、これらはあくまでも脳のコンディションを上げるための準備運動です。前にも言ったように頭が働いてきたなと感じたら、途中でもやめて勉強に移りましょう。

本番で失敗しないための心拍数トレーニング

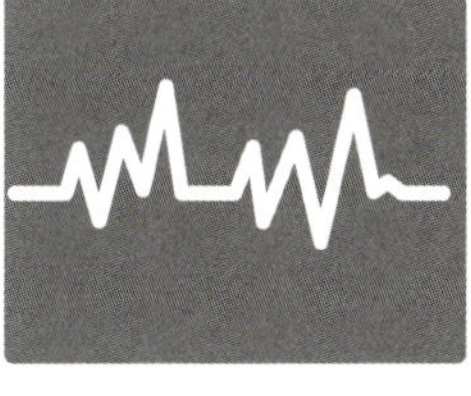

私が記憶力競技を始めたばかりの頃の話です。

記憶競技の仲間内の練習会に自信満々で参加したことがあります。ところが蓋を開けてみると、過度の緊張から結果は散々だったことがありました。

サッカー界でよく聞く言葉に、ホームとアウェイがあります。ホームとは自分のチームの本拠地（スタジアム）、アウェイとは相手チームの本拠地という意味です。

アウェイではさまざまなプレッシャーによる緊張から有利に戦うのが難しいというのが、サッカー界での常識です。

サッカーの試合に比べれば、参加者は皆顔見知りでしかも数人だけというゆるい状況だったにもかかわらず、そのときの私はアウェイを感じて緊張してしまったのです。

過度の緊張は、脳のパフォーマンスを著しく低下させることを実感した瞬間でした。

そして対策として行ったのが、心拍数トレーニングだったのです。

緊張とは、心拍数が過剰に高くなった状態ともいえます。本番でいきなりこの状態になってしまったら対応するのは困難です。緊張がさらに緊張を呼んでしまいかねません。

そうなると脳が非常事態を宣言し、思考能力を低下させてしまうのです。

試験本番を落ち着いて迎えられたら、それに越したことはありません。

仮に緊張して心拍数が上がってしまったとしても、その状態に慣れていれば過剰な反応を抑えることができます。

つまり、**心拍数が高い状態で勉強をスタートすることに脳を慣れさせておく**のです。

すると本番で心拍数が上がったとしても脳はいつもの状態だから問題ないと判断し、平静な状態に戻してくれるのです。

具体的な方法を説明します。

まず、簡単に昇り降りができるくらいの低い台を用意します。台がなければ家の中にある階段などの段差でも構いません。

それらを使い、踏み台昇降運動を行います。踏み台昇降運動とは、台や段差に対して昇り降りを繰り返す運動です。

目的は、あくまでも通常の心拍数より少しだけ高い状態にすることです。

要するに疑似緊張状態を強制的に作るというわけです。

過度の運動は体にとってかえって危険ですので、あらかじめ適度な心拍数になる条件を見つけておきます。運動時間を1分ぐらいから始めて、心拍数が100回／1分を超えない程度を目安にするようにしてください。

また心臓に疾患などがある方は、この方法は行わないようにしてください。

そうして通常よりも多少心拍数が上がった状態になったところで、いきなり勉強に入るのです。心拍数が収まるのを待たずに、上がっている状態のまま勉強を始めてください。

緊張から上がった心拍数ではないため、時間が経つにつれ自然に通常値に下がっていきます。これを繰り返して脳を慣らしていくのです。

集中力を高める「記憶の宮殿イメージ法」

特別な道具も環境も不要で、しかも複雑で難しい手順をとらずにあなたの脳を進化させ集中力をアップさせる方法があります。

それが最近、集中力を効果的に養う手段として注目を浴びている「瞑想」です。

瞑想と聞くと、まだ怪しい印象を持っている人もいるかもしれませんが、今や世のエリートたちがこぞって注目する最先端の「脳力」トレーニングなのです。

テクノロジー界の巨人、グーグルも瞑想を社内研修に取り入れているほど科学的にもその効果が証明されてきています。

なかでも一番の注目は、**「マインドフルネス」と呼ばれる瞑想法**です。マインドフルネスとは、「今この瞬間に完全に注意を向けた状態」という意味です。

何かに取り組んでいるときに、つい、意識が逸れるときがあります。その逸れた意識を元に戻す力も一種の集中力ですが、マインドフルネス瞑想にはこの力を鍛える効果があるのです。

今回はこのマインドフルネストレーニングが簡単にできるように、記憶のテクニックを応用して編み出した「記憶の宮殿イメージ法」を紹介します。

「記憶の宮殿」とは記憶術の世界の用語です。じつはこの用語こそ出しませんでしたが、本書ではすでに紹介しています。第1章の「自宅を脳の記憶装置に変える」に出てきた、自宅やその他の身近な場所を自分の記憶の保管場所（＝記憶の宮殿）にしてしまうという記憶術です。

第1章の内容を参考に作ってみてください。最初は10か所程度で構いません。記憶の宮殿ができたところで準備完了です。

①まず座り方ですが、これは足を組んで床に座っても、椅子に座っても構いません。ふらつかなければOKです。背筋は伸ばしてください。手は膝の上に置き、目を閉じます。

②次に呼吸ですが、鼻から吸って鼻から吐き出すようにします。できるだけゆっくり行ってください。できる人は腹式呼吸にすると、リラックス効果もあるのでおすすめです。

③そして呼吸に合わせて記憶の宮殿を頭の中でたどるのですが、具体的には、鼻から空気を吸い始めて、同じく鼻から吐き終わるまでを1セットとします。

その1セットの間、記憶の宮殿の最初の場所、たとえばそれがベッドだとしたら頭の中でその形や色を思い出してイメージするのです。頭の中でベッドを見ている感覚です。なるべく詳細に、色や質感まで思い出すようにしてください。

そして最初の呼吸のセットが終わり次の呼吸に移るときに、同時に頭の中も次の記憶の場所に移るのです。こうして、呼吸1セットごとに次々と記憶の宮殿として設定してある場所のイメージを移っていきます。

④途中で雑念が浮かんで現在の場所を忘れてしまったら、そのときは落ち着いてどこでもいいので、すぐに思い出せる記憶の宮殿の場所をイメージしてください。そこから

また呼吸に合わせてイメージングを続けるようにすればＯＫです。

時間に関しては、最初のうちは1分ぐらいでも構いません。慣れてきたら3分、5分、10分と時間を延ばしていき、最終的には1回当たり20分できれば理想的です。

終了時間前に記憶の宮殿が最後のアイテムに行き着いてしまったときは、また最初のアイテムに戻って続けてください。

もちろん、普段から記憶の宮殿のアイテムをどんどん増やしていっても結構です。そうすれば勉強に使える記憶の保管場所も増やすことができて一挙両得です。

集中スイッチとしての「耳栓」

勉強する環境の話でよく話題にあがるのが周囲の「音」の影響です。

適度なざわめきがあったほうがいいとか、何もないよりはある種の音楽が流れていたほうがよいとか、さまざまな研究が行われているようです。

しかし記憶に限定すると、**何かを覚えるタイプの勉強には静かな環境がふさわしい**というのは間違いないようです。

これは私も実感しています。というのは、私を含め世界記憶力選手権に出るような選手の多くが、耳栓やイヤーマフ（騒音環境でかけるヘッドホン状の防音具）、またはノイズキャンセル機能が付いているヘッドホンなどを使用しているからです。

記憶競技では競技中、自分の頭の中の世界に浸り切る必要があります。

膨大な量の記憶をするために選手たちは頭の中の「記憶の宮殿」に記憶を保管し、思い出すときにはそのイメージの中で歩き回り記憶を再現していきます。

それには高度な集中力が要求されるため、ほんのわずかでも集中の妨げになるようなノイズが入り込む可能性をあらかじめ、排除しておきたいのです。

ここまで極端ではないにしろ、ひとりのときの勉強も自分の世界に入り込む必要があるという意味では競技中と同様です。

勉強でもなるべくたくさん、いわゆる「ゾーン」の状態に入りたいものです。それには、勉強の環境には集中の邪魔になる要素をできるだけなくしたほうがいいでしょう。

そして、防音の目的以外にも勉強時の耳栓をおすすめする理由があります。

最近スポーツの世界では、「ルーティーン」という言葉をよく耳にします。

これは選手が競技に入る直前に行う「決められた一連の動作」のことを指すのですが、これを取り入れている有名スポーツ選手は数多く存在します。

多くの選手がルーティーンを持つ理由は何なのでしょうか？

ルーティーンは、練習どおりのパフォーマンスを本番で再現するための方法としてとても有効なのです。プレイ前の行動をパターン化することで一つのリズムが生まれ、呼吸も心理状態も安定し平常心が保てることにより、いつもどおりのプレイができることにつながるのだそうです。

つまり日頃から繰り返しルーティーンを行うことによって、パブロフの犬の条件反射のように自動的に集中モードに入れる訓練をしているということです。

これも勉強に応用が利きそうですね。

耳をふさぐという行為を、記憶モードのルーティーンにしてしまえばいいのです。

記憶が必要な科目の勉強のときには、記憶モードに入るためのルーティーンとして耳栓をつけるのです。もちろんヘッドホンでも構いません。

毎回このルーティーンを行うことで、それをつけると自動的に脳が記憶モードに切り替わるように脳をしつけるというわけです。

ただしこれらのアイテムを使うのは何かを覚える、つまり知識をインプットする学習時に限ってとし、問題を解いたり小論文を考えたりといったアウトプット型の学習のときは外したほうがよいのです。

なぜなら、クリエイティブな作業のときはある程度のざわめきがある環境のほうが適しているからです。あくまで記憶モードの切り替えスイッチとして利用しましょう。

おわりに

勉強とは、つらくて苦しくて当たり前。昔は、私もそんなイメージを持っていました。「記憶」というものに関わるようになり、記憶の仕組みについていろいろ調べていくうちに、果たして本当にそうなのかと、疑うようになってきました。

そして浮かんだ答えが、つらいのは勉強自体ではなく、効率が悪い勉強を毎日続けることなのではないかということでした。

勉強を続けていくなかで、成績があまりよくない人が勉強はつらいものだと考えるのは当然です。しかし、たとえ成績がよい人でも効率が悪い勉強をしていれば、よい成績をキープするためにかなりの労力を要することとなり、やはり勉強はつらいものと考えてしまうでしょう。

そこでポイントになるのは「効率」です。

勉強にはさまざまな要素があるのを承知であえて言いますが、効率とはズバリ、勉強内容を簡単に覚えられることではないでしょうか。

そして、簡単に覚えるためのキーになるのが、本書の核でもある「脳」をうまく使えるかどうかなのです。

今、教育の世界では「考える力」を重視する方向に視点がシフトしてきています。

確かにそれは正しい考えで、私も否定はしません。しかしながら、何もないところから「考える力」が養えるでしょうか？　ともすると、たくさんの知識を頭に入れることによって、「考える力」が育たなくなると言っているように聞こえます。

それではあまりにも脳をみくびっています。脳の働きが単に情報をとどめておくことだけだとしたら、確かに脳には記憶媒体としての価値しかありません。けれども、本書でも書いたとおり、脳には頭の中に入れた情報同士を有機的に結びつける能力があるのです。

必要な知識が頭の中にあることが前提にあり、それがあるからこそ養うことができるのが、「考える力」なのではないでしょうか。

それとあわせて現実問題があります。

もしかすると、将来的には個人個人の考える力を客観的に判断できる方法が見つかるのかもしれませんが、現時点で個人の能力を判断する材料は「学力」「学歴」「資格」など、試験で得られる結果というのが純然たる事実です。

そして、この形態はしばらく変わることはないかもしれません。なぜなら試験というものは、得点だけを見るものではないからです。合格までに費やした「時間」、勉強を継続してこられた「意志力」、その他「集中力」など、その人が持っている総合的な人間力をも判断できる方法だからです。今後もきっと、人の判断基準として試験という形態は続いていくでしょう。

その試験をクリアするための重要な能力が記憶力なのではないでしょうか。

詰め込み教育という言葉があります。この言葉には、皆さんご存じのとおり、ネガティブなニュアンスが含まれています。ネガティブな印象をもつのは、物事を覚えることを大変な作業であると考えているためだと私は思います。

けれども、これがある方法によって簡単にできるようになったらどうでしょう。もしかしたら、詰め込み教育という言葉がポジティブなニュアンスに変わるかもしれません。

本書が目指すのがこれです。より簡単に、より早く、よりたくさんのことが覚えられる勉強法。これを身につければ、目標までの特急券を手に入れたことになります。本書が皆さんの目標達成のお手伝いができるならば、私としてもこれ以上の喜びはありません。

そして、本書の担当編集者、武井康一郎さん、時々いただくお褒めの言葉が執筆中どれだけ励みになったことか。完成できたのは武井さんに導いていただいたおかげです。心から感謝しております。

最後に、自分の息子がまさか本を書くとは思ってもみなかったであろう、亡き父と執筆中も常に応援し励まし続けてくれた母にこの本を捧げます。

２０１７年３月

池田義博

参考文献（順不同）

●『思考の整理学』外山滋比古著、筑摩書房
●『サーチ！　富と幸福を高める自己探索メソッド』チャディー・メン・タン著、柴田裕之訳、宝島社
●『書きながら考えるとうまくいく！――プライベート・ライティングの奇跡』マーク・リービー著、ＰＨＰ研究所
●『思考は現実化する』ナポレオン・ヒル著、田中孝顕訳、きこ書房
●『頭脳の果て』ウィン・ウェンガー著、リチャード・ポー著、田中孝顕訳、きこ書房
●『脳が認める勉強法』ベネディクト・キャリー著、花塚恵訳、ダイヤモンド社
●『フロー体験　喜びの現象学』Ｍ・チクセントミハイ著、今村浩明訳、世界思想社
●『ザ・マインドマップ』トニー・ブザン、バリー・ブザン著、神田昌典訳、ダイヤモンド社
●『なぜ本番でしくじるのか』シアン・バイロック著、東郷えりか訳、河出書房新社
●『脳科学は人格を変えられるか？』エレーヌ フォックス著、森内薫訳、文藝春秋
●『だれでも天才になれる脳の仕組みと科学的勉強法』池谷裕二著、ライオン社
●『記憶力を強くする』池谷裕二著、講談社
●『アイデアのつくり方』ジェームス・Ｗ・ヤング著、今井茂雄訳、ＣＣＣメディアハウス
●『奇跡の記憶術』出口汪著、フォレスト出版

［著者］
池田義博（いけだ・よしひろ）
一般社団法人記憶工学研究所所長。
大学卒業後、大手通信機器メーカーにエンジニアとして入社。その後、学習塾を経営。塾の教材のアイデアを探していたときに出合った記憶術に惹かれ学び始める。このとき、記憶力を競う記憶力日本選手権大会の存在を知り出場を決意。独学での練習の末、初出場した2013年2月の大会で優勝し記憶力日本一となる。その後、14年、15年と３連覇。17年、18年、19年も優勝し、出場した6回すべて記憶力日本一に。
また、13年12月、ロンドンで開催された世界記憶力選手権において、日本人初の「記憶力のグランドマスター」の称号を獲得する。
次の夢は技術としての記憶力を広く世の中に伝え、さまざまな立場の人々の記憶力向上に貢献し、それにより豊かな生活を享受してもらうこと。その活動を使命とし形にするため、一般社団法人日本記憶能力育成協会の設立に至る。
NHK総合「ためしてガッテン」や「助けて！きわめびと」、TBSテレビ「マツコの知らない世界」など、テレビ出演多数。

世界記憶力グランドマスターが教える
脳にまかせる勉強法

2017年３月９日　第１刷発行
2022年８月23日　第７刷発行

著　者――池田義博
発行所――ダイヤモンド社
〒150-8409　東京都渋谷区神宮前6-12-17
https://www.diamond.co.jp/
電話／03･5778･7233（編集）　03･5778･7240（販売）

装丁――――krran（西垂水敦・坂川朱音）
本文デザイン―大谷昌稔
製作進行――ダイヤモンド・グラフィック社
印刷――――勇進印刷（本文）・加藤文明社（カバー）
製本――――本間製本
編集担当――武井康一郎

ISBN 978-4-478-10214-5
落丁・乱丁本はお手数ですが小社営業局宛にお送りください。送料小社負担にてお取替えいたします。但し、古書店で購入されたものについてはお取替えできません。